W0030825

Das große Buch der Trockenblumen

Alice Bell (Hrsg.)

Das große Buch der Trockenblumen

AUGUSTUS

Die Deutsche Bibliothek –
CIP-Einheitsaufnahme
Das große Buch der Trockenblumen / Alice Bell (Hrsg.). [Aus dem Englischen übers. von Gina Beitscher]. – München : Augustus, 2000

ISBN 3-8043-0605-5

Titel der englischen Originalausgabe:
DRIED FLOWERS

Projektleitung: Alice Bell
Redaktion: Rupert Matthews,
Lindsay McTeague
Layout: Darren Bennett, Christopher Howson
Design: Eljay Yildirim
Fotos: Chris King, Andy Crawford
Illustrationen: Jane Pickering

AUGUSTUS VERLAG, München 2000

Bearbeitung und Koordination der
deutschen Ausgabe:
Thema Produktmarketing und Werbung
GmbH, Fullservice für Buchverlage, München
Projektleitung: Kerstin Uhl
Redaktion: Claudia Weiand
Übersetzung: Gina Beitscher
Umschlagkonzeption:
Kontrapunkt, Kopenhagen
Umschlagfoto: Team Media Ltd.
Umschlaggestaltung: Melanie Gradtke
Reproduktion: Repro Ludwig, Zell am See
Druck und Bindung: Appl, Wemding
Gedruckt auf 135g chlorfrei gebleichtem Papier.
Printed in Germany
ISBN 3-8043-0605-5

Inhalt

Einführung

Trockenblumen können einen Raum verwandeln und so Atmosphäre schaffen. Als Gestecke, Gebinde, Kränze, Girlanden und freigestaltete Objekte ergänzen sie die Wohnungseinrichtung oder dienen als Festschmuck. Wer seine Diele im Stil der niederländischen Malerei des 16. Jahrhunderts dekorieren möchte, ist mit einem voluminösen Gesteck aus samtenen Trockenblumen in einem antiken Gefäß richtig beraten. Als modernes Arrangement hingegen bietet sich ein schlichter Eimer mit Ringelweide, Artischocken und Mohnkapseln an.

Dieses Buch ist voller altbewährter und neuer Ideen. Es zeigt nicht nur, wie Gestecke angefertigt werden, es inspiriert auch zu weiteren Versuchen. Manche Arrangements lassen sich verblüffend rasch herstellen, andere Gestecke dagegen sind aufwendig – und aufregend. Sie lernen Blüten, Samenkapseln und Blätter nach Farbe, Struktur, Proportionen und Duftqualitäten zu beurteilen. Verschiedene Stilrichtungen der Floristik, von der traditionellen über die romantische und ländliche bis hin zur modernen, werden veranschaulicht und Ihnen so nahegebracht, daß Sie manches für Ihr Zuhause übernehmen werden. Die passende Dekoration zu einem Anlaß zu finden ist nicht ganz einfach, doch hier erhalten Sie praktische und ungewöhnliche Anregungen.

Das florale Design

Die Auswahl an perfekt getrockneten Blumen, Samen, Gräsern, Moosen und Blättern ist mittlerweile so groß, daß der Expermentierfreude nahezu keine Grenzen mehr gesetzt sind. Schmuck aus Trockenblumen kann heutzutage alles sein: modern, gediegen, provokativ, elegant oder barock. Wie Sie ein rundum gelungenes Gesteck herstellen können, erfahren Sie auf den folgenden Seiten: Das richtige Gefäß ist ebenso wichtig wie Überlegungen zu Farbe, Form und Komposition. Eindrucksvolle Arrangements können Materialien wie Muscheln, Kieselsteine, Seesterne, Treibholz, Gräser, Früchte und Pilze enthalten. Gold-, Kupfer- und Silbereffekte machen sich ebenfalls gut.

Die Wahl des Materials

Von hohen, schlanken Gräsern, zarten Rispen und exotischen Samenkapseln bis hin zu üppigen Blüten, Früchten und Gemüsen ist alles verwendbar. Wie soll man sich da entscheiden? Ganz einfach – indem man vorab in aller Ruhe fünf Grundsatzfragen klärt: Wo soll das Arrangement plaziert werden? Welchen Stil soll es haben? Soll es ein Bukett, eine Girlande oder etwas anderes sein? Soll ein Gefäß benutzt werden? Wenn ja, welches? Wenn diese Fragen beantwortet sind, weiß man schon, welches Material man nicht gebrauchen kann, weil Größe, Struktur und Farbe nicht zueinander passen. Alles Weitere überläßt man dem eigenen Geschmack.

Links: Sonnenblumen bringen eine spätsommerliche Atmosphäre in das Haus.

Unten: Getrocknete Lotoskapseln haben ein mattes, fast fossiles Aussehen.

Blüten und Samen

Wenn die fünf oben erläuterten Grundsatzfragen erst einmal geklärt sind, hat man schon eine recht genaue Vorstellung davon, wie das Arrangement aussehen soll und welche Art von Material benötigt wird – zum Beispiel großblütige Blumen wie Hortensien, romantische wie Rosen oder exotische wie Disteln. Und vergessen Sie nicht: Es gibt duftende Blumen. Auch dies ist eine Grundsatzentscheidung, die man vor dem Einkauf treffen muß. Soll das Gesteck einen Duft verströmen? Etwa das beruhigende Aroma von Lavendel oder den

Unten rechts: Eine Vielzahl von Blumen und Samenkapseln wie Kugeldisteln, Lampionblumen, Rosen und Rittersporn eignet sich zum Trocknen, so daß man aus einer wahren Fülle von Farben und Strukturen auswählen kann.

Oben: Rosa Pfingstrosen sorgen für eine romantische Atmosphäre. Kiefernzapfen passen zu winterlichen Gestecken, die angenehm duften sollen.

Links: Strohblumen behalten Farbe und Struktur nach dem Trocknen bei. Man arrangiert sie am besten in Gruppen.

Links: Getrocknete Hortensien gibt es in zarten Blau-, Grün-, Rot- und Lilatönen.

erfrischenden Geruch von Zitrone? Ganz zuletzt schätzen Sie in aller Ruhe ab, wieviel Material Sie ungefähr brauchen werden. Mit etwas Erfahrung wird Ihnen das nicht mehr schwerfallen. Anfangs neigt man allerdings unweigerlich dazu, die Menge des benötigten Materials zu unterschätzen – vor allem jene des zarteren Beiwerks, das seine Wirkung erst durch seine Masse richtig entfaltet.

Gute Qualität muß sein

Wer Blumen und Samenkapseln nicht selbst trocknen, sondern kaufen möchte, sollte unbedingt auf die Qualität der angebotenen Ware achten: Minderwertiges Material kann faulen oder zu rasch verblassen. Bei Farbunterschieden zwischen einzelnen Blüten ist es ebenfalls empfehlenswert, genau hinzusehen: Eventuell wurde die betreffende Pflanze falsch gelagert. Testen Sie auch, wie die Blumen sich anfühlen. Wenn diese zu spröde sind oder sogar bröseln, sind sie für das Stecken ungeeignet. Die Blumen müssen zwar elastisch sein, aber nicht zu sehr, denn das könnte darauf hindeuten, daß sie zuvor bereits Feuchtigkeit aus ihrer Umgebung aufgenommen haben und beim erneuten Austrocknen faulen werden.

Moose, Blattwerk, Holz und Gräser

Spricht man von Trockenblumen, denkt man als erstes an die Blüten. Die Vielfalt grüner und brauner Materialien gerät dagegen oft in Vergessenheit. Dabei würden all die attraktiven Blüten gar nicht so gut wirken, gäbe es nicht Moose, Gräser und Blätter als Hintergründe und auflockerndes Beiwerk. Für Floristen sind diese Materialien unverzichtbar, um Lücken zu schließen, einem Design Form und Fülle zu verleihen oder Formbäumchen herzustellen. Aus Moosen, Gräsern und Blättern lassen sich auch ohne den Zusatz von Blüten einzigartige Gestecke komponieren, die einen Hauch von Wald und Feld ins Haus bringen.

Moose

Gerade Moose sind reich an Farben und Strukturen und deswegen vielseitig einsetzbar. Man kann sie dazu benutzen, um Steckschaumbasen zu kaschieren oder Formbäumchen zu verkleiden. Die silbrige, verästelte Rentierflechte, auch Island- oder Rentiermoos genannt, stammt aus Nordskandinavien. Sie wird häufig grünlich oder bräunlich gefärbt. Polsterkissen-Moos bildet hellgrüne Höcker von wenigen Zentimetern Durchmesser. Da es sehr glatt ist, eignet es sich ideal zum Verkleiden von Steckschaumblöcken und Basen. In hellem Licht kann es jedoch rasch seine Farbe verlieren. Torf- oder Sumpfmoos, auch Sphagnum-Moos genannt, wird am häufigsten zum Füllen von Gefäßen und für Kranzbasen oder Girlanden benutzt. Moos kann viel Wasser speichern, deshalb sollten Sie darauf achten, daß es völlig trocken ist, da sonst die Stengel der anderen Trockenmaterialien verfaulen.

Blätter

Getrocknete Blätter in Grün- und Brauntönen bilden einen schönen Kontrast zu den Blüten. Ihre fließenden Formen und sanften Umrisse lassen das Gesteck natürlich und zwanglos aussehen.

Holz

Nicht nur Blätter, auch Stämme, Äste, und Borke können effektvoll eingesetzt werden. Formbäumchen fordern zur Verwendung von dünnen Stämmen geradezu heraus. Äste aller Art leisten wertvolle Dienste bei abstrakten floralen Skulpturen, aber auch bei rustikalen Schöpfungen. Mit Birkenrinde kann, ebenso wie mit Moos, Steck-

Oben links: Die gezahnten Blätter der Sumpfeiche können nach dem Trocknen in verschiedenen herbstlichen Tönen gefärbt werden.

Oben rechts: Die gefiederten Farnwedel können problemlos im Hängen getrocknet werden und eignen sich auch zum Pressen.

Links: Das schlanke, spitz zulaufende Bärengras bildet einen guten Kontrast zu runderen Formen. Mit seinen beschwingten Linien bringt es Rhythmus und Dynamik in ein Gesteck.

schaum kaschiert oder ein Container verkleidet werden. Ein Holz ganz besonderer Art ist die zerbrechliche innere Rinde des Zimtbaumes, landläufig als Zimtstange bekannt. Sie hat eine unvergleichlich warme, rötliche Farbe und verströmt einen geheimnisvollen, würzigen Duft.

Gräser

Eine exquisite Struktur und luftige Form verdankt so manches Gesteck den Ziergräsern. Einige stehen starr aufrecht, andere bezaubern durch fließende Linien. Die Ähren sind eine Welt für sich. Man stößt auf große und kleine Kolben, zierliche Blütenrispen, büschelige und fächerförmige Blütenstände, Ähren mit weichen Härchen, andere mit steifen Borsten. Unnachahmlich luftig etwa ist die Mähnengerste, von der man manchmal eine Art mit fast schwarzen Grannen im Handel findet. Unauffälligen Gräsern kann durch Farbspray mehr Präsenz verliehen werden. Obwohl man Gräser eher als Hintergrundmaterialien betrachtet, entfalten viele von ihnen auch allein eine große Wirkung.

Rechts: Es gibt kein Vorhaben und keine Stimmung, zu der es nicht auch das passende Material gäbe. Die Vielfalt ist unerschöpflich.

Links: Perfekt als Hintergrund für Blüten – zu einem Halbkreis gefaltete Lotosblätter.

Extras

Blumen sind nicht die einzigen Bestandteile eines Trockenblumenarrangements. In Haus oder Garten, bei einem Spaziergang auf dem Land oder am Strand finden sich interessante Materialien, die nicht unbedingt pflanzlicher Natur sein müssen. Wer Freude am Experimentieren hat, entwickelt schnell ein gutes Auge für vielversprechende Materialien. Aber pflücken Sie nie eine Pflanze, die unter Naturschutz steht!

Obst und Gemüse

Getrocknete Früchte, Gemüse und Gewürze bestechen durch ungewöhnliche Formen, attraktive Strukturen und, als besondere Zugabe, durch delikate Düfte. Orangen, Zitronen und Grapefruits, die an der Schale eingeschnitten und dann als ganze Frucht getrocknet wurden, setzen in üppigen Arrangements auffällige Akzente. Für Kränze und Girlanden und als Schmuck von Tannenzweigen in der Weihnachtszeit schneidet man sie in dünne Scheiben und trocknet sie. Die leuchtendroten Chilischoten wirken leidenschaftlich und sommerlich. Waschen Sie sich unbedingt die Hände, wenn Sie mit Chilis gearbeitet haben! Maiskolben, getrocknete Apfelscheiben und Kiefernzapfen passen zu Gestecken für festliche Anlässe im Herbst.

„Früchte des Meeres“

In letzter Zeit ist eine zunehmende Tendenz zu nichtpflanzlichem Material festzustellen. Interessant sind vor allem Dinge, die schöne Stimmungen und Erinnerungen wachrufen. Das maritime Thema ist besonders beliebt. Viele Menschen bringen aus dem Urlaub am Meer Erinnerungsstücke mit: Kieselsteine, Muscheln und sogar Sand – alles Materialien, die sich hervorragend mit Trockenblumen kombinieren lassen. Im Handel sind zudem prächtige exotische Muscheln und Seesterne erhältlich. Strandgut hat zumeist einen leicht ausgebleichten Farbton. Daran etwas zu ändern wäre fast schade, da dieser wohltuend entspannend auf das Gemüt wirkt. Wenn

man die Erinnerung an den Urlaub am Meer wachrufen will, wählt man Blüten in maritimen Grün- und Blautönen und kombiniert sie mit Kieseln, Sand, Muscheln und Seesternen – eine hübsche Dekoration für das Badezimmer oder für den Eßtisch, wenn Fisch oder Meeresfrüchte auf dem Speiseplan stehen.

Accessoires

Bast, Schnur, Bänder und Stoffreste eignen sich hervorragend zum Befestigen von Elementen oder zum Kaschieren von Draht oder Schaum. Dieses Beiwerk kann andererseits aber auch einen ausschließlich dekorativen Zweck erfüllen und dazu dienen, die Farben der Blüten oder der Umgebung zu betonen. Man sollte allerdings immer darauf achten, daß die Accessoires die Aufmerksamkeit nicht von den Blumen ablenken. Maschen-, Stütz- und Bindedraht bleiben in den meisten Fällen unsichtbar. In einer relativ minimalistischen Innenausstattung hingegen macht sich ein Arrangement aus Draht und spitzem Blattwerk sehr gut.

Unten: Chilis sind ein einzigartiger Blickfang. Man kann faszinierende Kränze aus ihnen herstellen. Roter Pfeffer eignet sich ideal zum Füllen von Lücken.

Oben links und links: Ob ganz oder in Scheiben getrocknet: Früchte leuchten und duften.

Links: Farbenprächtige Muscheln, Seesterne und runde Kiesel vom Strand sorgen für eine schöne maritime Note.

Die Dynamik der Farben

Farben sind allgegenwärtig – in einem natürlichen Umfeld ebenso wie in einem künstlichen. Man kann sie bewußt einsetzen, um Stimmungen zu verändern und Emotionen hervorzurufen. Viele Farben haben eine symbolische Bedeutung. Man teilt sie zudem nach ihrer „Temperatur“ ein, wobei das Spektrum von warmen Farben wie feurigem Rot und Orange bis zu kalten Blau- und Grüntönen reicht. Den modernen Trockenmethoden ist ein schier unbegrenztes Farbspektrum zu verdanken, mit dem sich wunderbar experimentieren läßt. Trockenblumen haben den Vorteil, daß die Farben der Saison das ganze Jahr über zur Verfügung stehen, vom tiefen Rot gefriergetrockneter Rosen bis zum hellen Gelb der Sonnenblumen und den lebhaften Blautönen des getrockneten Lavendels.

Oben und unten: Rosen und Lavendel behalten beim Trocknen ihre Farben.

Die Farbwahl

Wenn man ein Gesteck plant, tendiert man bei der Farbwahl zunächst häufig zu den eigenen Lieblingsfarben. Außerdem spielen der Raum und das Gefäß eine Rolle. Und nicht zuletzt will man eine Stimmung erzeugen, einem Gefühl Ausdruck verleihen oder manchmal auch mittels der Blumen eine bestimmte Aussage treffen. In all diesen Fällen ist es hilfreich, Grundkenntnisse über Farben zu besitzen. Die drei Primärfarben – Rot, Blau und Gelb – können nicht durch Mischen anderer Farben hergestellt werden. Wenn man jeweils zwei Primärfarben mischt, entstehen die drei Sekundärfarben – Violett, Grün und Orange: Rot und Blau ergeben miteinander gemischt Violett, Blau und Gelb Grün, Rot und Gelb Orange.

Komplementärfarben

Jede Primärfarbe hat eine Komplementärfarbe: Jene von Rot ist Grün, die von Blau Orange und die von Gelb Violett. Diese Farbenpaare verstärken sich in ihrer Wirkung gegenseitig.

Verwandte Farben

Farben, die im Farbspektrum nahe beieinanderliegen, nennt man verwandte Farben. So sind beispielsweise Lila, Purpur und Blau miteinander verwandt, da sie alle einen bestimmten Blauanteil besitzen. Durch die Kombination von verwandten Farben können harmonische Designs geschaffen werden.

Farbkombinationen

Grundsätzlich gibt es zwei gegensätzliche Möglichkeiten, Farben zu kombinieren, zwischen denen man sich entscheiden muß: Man kann auf einen starken Farbkontrast setzen und zum Beispiel Lavendel gemeinsam mit gelben Rosen stecken. Oder man geht den Weg der harmonischen Töne und kombiniert den Lavendel statt dessen mit lila Hortensien. Wer es bunt und phantastisch liebt, kann auch Pflanzenmaterial in vielen verschiedenen Farbtönen verwenden und dazu ein buntes Gefäß wählen. Nach wie vor hochmodern und stilvoll sind Gestecke aus verschiedenen Pflanzen mit dem gleichen Farbton.

Eine Farbexplosion aus Hahnenkamm (Celosia), Lampion- und Sonnenblumen, Rittersporn und Amarant

Warme Farben

Am warmen Ende des Farbspektrums liegen die Farben des Feuers: Rot, Orange und Gelb. Sie sind nicht nur die wärmsten Farben im Spektrum, sondern leuchten auch auffallend prächtig.

Rot und Rosa

Rot ist kühn, Rot ist provokativ. Aus der Ferne gesehen ist Rot ein Warnsignal, aus der Nähe bannt es den Betrachter durch seine Tiefe und Lebendigkeit, insbesondere dann, wenn ihm komplementäre Grüntöne entgegengesetzt werden. Mit Braun oder Blau abgetönt, wird Rot dunkler, noch tiefer und weicht optisch zurück. Rosa ist mit Rot ganz offensichtlich eng verwandt – selbst das blasseste Rosa strahlt noch die ursprüngliche Wärme des Rots aus. Die Abstufungen reichen von sanften, fleischfarbenen Tönen bis hin zu stärkeren Nuancen, die durch Gelb belebt sind.

Orange und Gelb

Orange läßt an die herbstliche Ernte denken, an warme Erde oder auch an mediterrane Orangenhaine. Dunkles Orange tendiert zu Bronzetönen. Mit Braun und Siena abgetönte Varianten erinnern an Herbstlaub und an Zimtstangen. In Gestecken wirken orangefarbene Blüten oder Früchte für sich allein sehr attraktiv und auffällig. Kommen gelbe und rote Pflanzen hinzu, wird das Gesteck

Pflanzen in warmen Farben

1 Chilischoten

2 Färberdistel (Carthamus tinctorius)

3 Ringelblume (Calendula officinalis)

4 Amarant (Amaranthus sp.)

5 Diptamdosten (Origanum dictamnus)

6 Jungfer im Grünen (Nigella damascena)

7 Grapefruitscheiben

8 Hahnenkammblüten (Celosia sp.)

9 Rosen (Rosa sp.)

10 ganze Orangen

11 Lampionblumen (Physalis alkekengi)

12 Garben (Achillea sp.)

13 Sonnenblumen (Helianthus sp.)

14 Gartenkürbisse (Cucurbita pepo)

15 Strohblumen (Helichrysum sp.)

besonders üppig. Wenn man Orange zum Leuchten bringen will, muß man in seiner Nähe einfach die Komplementärfarbe Blau einsetzen.

Gelb kann entweder hell funkeln oder warm leuchten, je nach Art der Tönung. Ein vorwiegend dunkles Gesteck wird durch getrocknete gelbe Blüten, Samenkapseln und Früchte heller und freundlicher. Aufregende Kontrastwirkungen erzeugt man durch die Kombination mit komplementären Purpur- und Blautönen.

Zu den warmen Tönen des Farbspektrums passen nicht nur verwandte und komplementäre Farben, auch Kombinationen mit kalten und neutralen Farben sind häufig sehr effektvoll.

Gestecke in warmen Farben wählt man, wenn man einen dunklen Raum aufhellen oder einen leuchtenden Akzent in ein Umfeld aus kühlen Farben setzen will. Soll die kräftige Wirkung der warmen Farben gemildert werden, dämpft man sie mit Hilfe von viel Blattwerk.

Unten: Pflanzen in warmen Farbtönen verleihen einem Design ein opulentes und stilvolles Aussehen. Das tiefe Rot von Amarant, das helle Orange der Lampionblumen und das Goldgelb der Hahnenkammblüten verleihen jedem Arrangement Wärme und Schwung.

Kalte Farben

Das Blau und das Türkis der Ozeane, das Grün der Blätter in einem feuchten Frühlingswald – diese Farben liegen am kühlen Ende des Farbenspektrums. Auch die blauvioletten Töne, über die Rot und Rosa sanft in ein Blau hinübergleiten, ebenso wie alle Nuancen von Oliv- und Limettengrün, die sich weg von Gelb in Richtung Smaragdgrün bewegen, gehören in das Reich der kalten Farben.

Blau in allen Nuancen

Die Eigenschaften von Blau sind nicht leicht zu erfassen. Es kann zum Denken anregen, es kann beruhigen, es kann aber auch so kalt und düster sein, daß es geradezu bedrückt. Seine Nuancen reichen von den reinen, kühlen Blautönen über solche, die mit Grün vermischt sind, bis hin zu den wärmeren, tief violettblauen und lilafarbenen, die Rot enthalten. Kobaltblau leuchtet kräftig, fast schon schillernd, während sich dunklere Blautöne gedämpfter zeigen. Blau weicht optisch zurück. Vor allem, wenn blaue Blüten zusammen mit Blüten in wärmeren Farben eingesetzt werden, geraten die blauen ins Hintertreffen. Sollen sie zur Geltung kommen, verzichtet man besser auf solche Kombinationen. Da es nur wenige blaue Blumen gibt, werden für Gestecke häufiger auch fachkundig blaugefärbte Blüten verwendet.

Die Farbe Grün

Grün entsteht durch Mischen von Blau und Gelb. Es ist die häufigste Farbe im Pflanzenreich – und auch die von Menschen am meisten geschätzte. Konservierte Blätter sind in einer Vielfalt von grünen Schattierungen erhältlich. Die Nuancen reichen vom tiefen Flaschengrün der mit Glyzerin behandelten Magnolienblätter bis zum milden Grünton des getrockneten Salbeis, vom Blaugrün des Eukalyptus bis zum Gelbgrün getrockneter Zitronen. Alle Grünnuancen bilden einen perfekten Hintergrund für andere Farben, unabhängig davon, ob diese nun warm oder kalt sind. Grüne Blätter, Moose, Samenkapseln und Blüten harmonieren mit Blau, Lila und Violett. Zu Hellgelb und warmen Orangetönen steht die Farbe Grün in einem lebhaften Kontrast. Rot und Orange sind komplementär zu Grün. Grün hat dieselbe Eigenschaft wie alle kalten Farben: Es tritt optisch in den Hintergrund. Grüne Töne wirken dort am besten, wo es viel natürliches Licht gibt. Blaue und grüne Trockenpflanzen sind in einfarbigen Gestecken überraschend dekorativ, sehen aber auch in Verbindung mit ihren Komplementärfarben Rot und Orange sehr attraktiv aus.

Links: Zu den kalten Farben gehören die Blautöne des Lavendels und die zahllosen Grünnuancen von Blättern.

Pflanzen in kalten Farben

1 **Hortensie** *(Hydrangea macrophylla)*
2 **ganze Zitronen**
3 **Wurmfarnwedel** *(Dryopteris filix-mas)*
4 **Rotbuchenblätter** *(Fagus sylvatica)*
5 **gefärbtes Rohrglanzgras** *(Phalaris arundinacea)*
6 **Jungfer im Grünen** *(Nigella damascena & Nigella orientalis)*
7 **Kugeldisteln** *(Echinops ritro)*
8 **Lavendel** *(Lavandula spica)*

Neutrale Farben

Weiß, Schwarz und die dazwischen liegenden Grautöne von Silbergrau bis Schiefer gehören zu den neutralen Farben. Sie sind achromatisch und stehen außerhalb des Farbspektrums, weil sie die Lichtstrahlen brechen, ohne sie in Farben zu zerlegen. Reines Weiß reflektiert die maximale Anzahl von Lichtstrahlen, während reines Schwarz das Licht völlig absorbiert. Braun und Cremefarben werden bisweilen nicht zu den warmen oder den kalten, sondern ebenfalls zu den neutralen Farben gezählt. Blumen in neutralen Farben ergeben sehr edle Gestecke, die durch ihre Schlichtheit bestechen. Sie eignen sich darüber hinaus hervorragend als Hintergrundpflanzen sowie zum Füllen von Lücken.

Weiß und Cremetöne

Weiß mit seinen zahlreichen Nuancen von Hellgrau bis zu Hellgelb bietet dem Auge erholsame Ruhepunkte in einer bunten Welt. Gestecke, in denen die Blüten ausschließlich in Weiß oder Creme ge-

halten und gegen grünes Blattwerk abgesetzt sind, erinnern an strahlend weiße Wolken im hellen Sonnenlicht oder an weiße Blumen, die in der Dämmerung im Garten leuchten. Frische weiße Blumen passen gut zu einer dunklen Einrichtung; Gestecke aus weißen Trockenblumen hingegen sehen am besten zu zarten Pastelltönen aus. Weiß läßt sich in allen seinen Abstufungen äußerst vielseitig einsetzen. Kombiniert man es mit anderen Farben, erhält man schöne Kontraste. In der Umgebung von dunklen Tönen wirkt Weiß aufhellend, sorgt für eine freundliche Atmosphäre und bringt Licht in jedes florale Arrangement. Weiße Gestecke, die auf jeden bunten Blickfang verzichten, lenken die Aufmerksamkeit des Betrachters auf die natürlichen Strukturen und die interessanten Formen der Pflanzen.

Links: Lotoskapseln, Saatweizen und Ziest haben neutrale Farben.

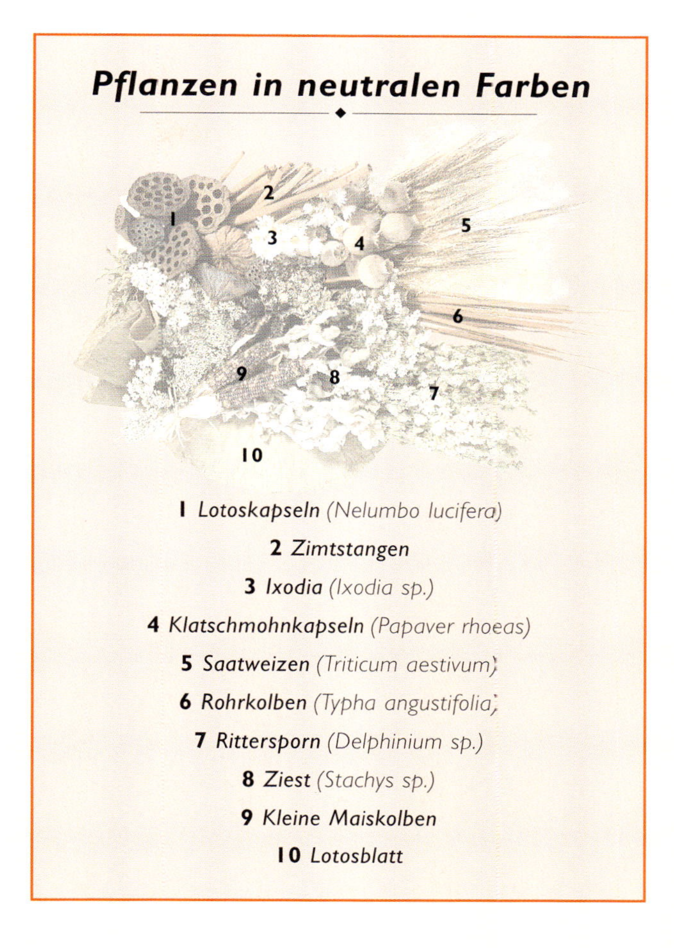

Pflanzen in neutralen Farben

1 Lotoskapseln *(Nelumbo lucifera)*
2 Zimtstangen
3 Ixodia *(Ixodia sp.)*
4 Klatschmohnkapseln *(Papaver rhoeas)*
5 Saatweizen *(Triticum aestivum)*
6 Rohrkolben *(Typha angustifolia)*
7 Rittersporn *(Delphinium sp.)*
8 Ziest *(Stachys sp.)*
9 Kleine Maiskolben
10 Lotosblatt

Schwarz und Grau

Reines Schwarz kommt in der Natur relativ selten vor. Schwarzes Trockenmaterial ist gewöhnlich gefärbt. Man sollte es sehr bedacht einsetzen. Es paßt am besten zu kräftigen, lebhaften Farben wie Purpur- und Rottönen. Samenkapseln, Zweige , Borke, Pilze und auch Steine haben meist eine hell- bis schwarzbraune Farbe. Wenn man sich in der Natur umsieht, stellt man fest, daß diese bräunlichen Nuancen zu vielen anderen Farben einen wirkungsvollen Kontrast bilden.

Grautöne entstehen durch das Mischen von Weiß und Schwarz. Sie können rauchig, metallisch oder auch stahlfarben sein. Es gibt einige Trockenpflanzen, die von Natur aus hellgrau bis graublau sind, und andere, die künstlich gefärbt werden. Graue Blumen und Blätter passen gut zu den Farben Rot und Orange. Grau wirkt sich mildernd auf Rot aus und bildet mit diesem eine Kombination, die in einem dunklen Raum oder vor rötlichen oder violetten Wänden effektvoll aussieht; neben orangefarbenen Pflanzen hat es einen bläulichen Schimmer.

Die Auswahl an Trockenmaterial in neutralen Farben ist groß. Sie umfaßt Zweige, Borken, Blätter und interessant geformte Samen einer Vielzahl von Pflanzen. Neutral gehaltene Gestecke passen zu fast jedem Interieur. Sie können mit anderen organischen Accessoires in einer rustikalen Umgebung kombiniert werden oder, gegen weiße Wände und schieferfarbene Böden abgesetzt, eine moderne Einrichtung ergänzen.

Eine Frage des Stils

Der Behälter prägt das ganze Gesteck. Sein Stil, seine Größe, seine Proportionen, sein Material, seine Farbe – alle diese Faktoren sind ausschlaggebend. Meist hat der Behälter in etwa ein Drittel der Größe des gesamten Designs: Man sollte experimentieren, damit man sichergeht, daß er groß genug ist, um Wirkung zu zeigen, und nicht zu klein, so daß er verdeckt wird.

Die Wahl des Behälters

Das Gefäß prägt den Stil des Gestecks, deswegen wird es mit einiger Überlegung ausgewählt. Wichtig ist auch, daß es Ihnen gefällt, damit Sie von Anfang an Spaß an Ihrem Kunstwerk haben. Man kann fast jeden Behälter verwenden, er muß nicht einmal wasserdicht sein. Am besten legen Sie sich eine Gefäßsammlung zu, dann haben Sie immer eine große Auswahl.

Vasen und Töpfe aus Keramik

Geeignete Keramikgefäße sind große obeliskförmige, glasierte Vasen, lange unglasierte Terrakottatröge, halbrunde Wandvasen und kleine Terrakottatöpfe.

Glasgefäße

Der Vorteil von Glasbehältern besteht darin, daß das Arrangement vollständig zu sehen ist. Glasschüsseln, eckige oder runde Behälter und weitrandige Vasen

können mit Kieselsteinen, Muscheln oder Potpourri gefüllt oder mit Fruchtscheiben, glänzenden Magnolienblättern und Zimtstangen ausgekleidet werden.

Metallbehälter

Neben antiken Metallgefäßen, etwa Kohleeimern oder matten, kannelierten Gefäßen, gibt es auch Kunststoffimitationen von Behältern oder Vasen aus Metall, die dennoch authentisch aussehen. Dazu gehören nachgeahmte Metalltröge im marokkanischen Stil und sechseckige Pflanzgefäße. Galvanisierte Eimer oder Tröge aus Stahl, die sich ideal für moderne Arrangements eignen, sind in vielen Gartencentern erhältlich.

Körbe und Holzgefäße

Flache Körbe bieten sich vor allem für maritime Arrangements an, während Holztröge die perfekte Basis für ein herbstliches Design sind. Zu den eher ungewöhnlicheren Holzgefäßen gehören Spanschachteln und asiatische Dampfkörbchen.

Unten: Die Vielfalt an Behältern ist enorm, so daß sich für jedes Thema etwas Passendes finden läßt: traditionelle Metallgefäße, moderne Tröge aus Stahl oder Glas sowie ungewöhnliche Körbe.

Beliebte Formen und Kompositionen

Kunst verträgt keine starren Vorschriften – und so wird man sich auch nicht einschränken lassen, wenn man moderne Blumenarrangements steckt. Manche Richtlinien können allerdings hilfreich sein. Ein gewisses Maß an Ausgewogenheit ist zwar wichtig, dennoch muß ein Gesteck nicht immer symmetrisch sein. Linien, die durch die Form des Trockenmaterials vorgegeben werden, sollte man nutzen, da sie dem floralen Design ein natürliches Aussehen verleihen.

Für die Komposition ausschlaggebend ist, aus welchem Blickwinkel das Arrangement betrachtet wird, ob

Links: Diese Moosspirale besticht durch ihr schlichtes und überaus elegantes Design, das von allen Seiten betrachtet werden kann.

Unten: Chilischoten und Lavendel in einem Glasbehälter – eine Komposition mit betont vertikalen und horizontalen Linien.

etwa ausschließlich von vorn oder von allen Seiten. Die Ansicht von vorn gehört zu den traditionellsten Kompositionen, wenn das Gesteck zum Beispiel den Tisch in der Diele schmücken oder eine triste Ecke aufhellen soll. Dabei wird das Arrangement gewöhnlich gegen eine glatte Fläche, meist eine Wand, abgesetzt. In diesen Fällen steckt man die Trockenblumen häufig in Fächer- oder Dreieckform.

Die meisten Designs können so arrangiert werden, daß man sie von allen Seiten betrachten kann. Man kann sich die verschiedensten Formen ausdenken, Obelisken und Pyramiden bauen, Stämme mit Kegeln krönen oder Kugeln übereinanderschichten. Es macht Spaß, mit dem Rhythmus eines Arrangements zu experimentieren. Kombinieren Sie einmal waagrechte und senkrechte Linien, indem sie besonders hohe Elemente in breiten Containern arrangieren. Oder versuchen Sie sich an fließenden Kompositionen, wie etwa an Girlanden.

Unten: Ein ausgesprochener Genuß für alle Sinne ist dieser große, aufregende Fächer aus mehrfarbigen, getrockneten Maiskolben.

Unten rechts: Ein elegantes Design im klassischen Pyramidenstil: grüne und blaue Hortensien auf einem Steckschaumkegel.

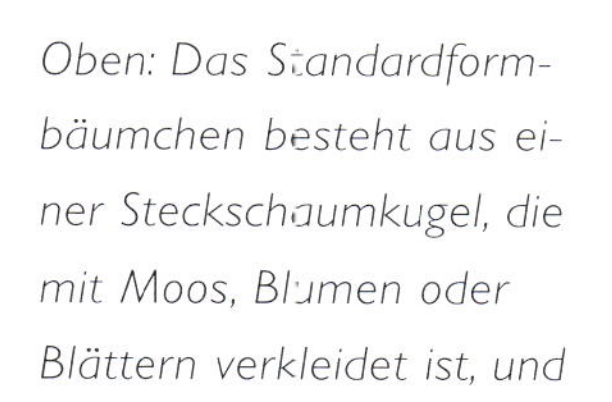

Oben: Das Standardformbäumchen besteht aus einer Steckschaumkugel, die mit Moos, Blumen oder Blättern verkleidet ist, und einem hölzernen Stamm. Noch abstrakter wirkt die Krone, wenn sie die Form eines Kegels, Quadrats oder Rechtecks hat.

Gestecke & Gebinde

Bei der Auswahl der Materialien für ein Trockenblumenarrangement ist der Stil des Raumes von großer Bedeutung. Gekünstelte Gestecke sind fehl am Platz – ebenso wie ein strenges Design inmitten einer farbenfrohen Einrichtung. Während eine Girlande aus Chilischoten im mexikanischen Stil vorzüglich in die Küche paßt, eignet sich für ein Badezimmer eine Dekoration im maritimen Stil weitaus besser.

Zunächst muß eine Entscheidung hinsichtlich der Farben getroffen werden: Berücksichtigen Sie den farblichen Gesamteindruck eines Raumes, ehe Sie entscheiden, welche Töne hervorgehoben, ergänzt oder reflektiert werden sollen.

Mit den richtigen Farbtönen und Materialien kann ein Arrangement das Gesamtbild eines Raumes positiv beeinflussen.

Einfach, schnell, zauberhaft

Ein perfekter Zimmerschmuck aus getrockneten Blumen muß nicht zwangsläufig schwer herzustellen sein. Hier folgen acht Anregungen für ganz Eilige, wenn noch rasch ein Blickfang als Tischdekoration benötigt wird oder in letzter Sekunde ein Geschenk gefunden werden muß.

Gerahmte Früchte oder Blüten

Wenige Ideen sind so simpel und überzeugend zugleich: die Blüte der Lieblingsblume, eine interessante Samenkapsel oder eine getrocknete Fruchtscheibe in einem tiefen, leuchtend bemalten Bilderrahmen. Damit können Sie das Gästebad beleben oder einen hübschen Akzent ans Ende eines Korridors setzen.

Unten: Mit Hilfe einer Klebepistole auf der Rückseite einer getrockneten Orangenscheibe Klebstoff auftragen, die Orangenscheibe in der Rahmenmitte anordnen und an der Rückwand festkleben. Experimentieren Sie mit verschiedenen Trockenfrüchten, großen Blüten oder Samenkapseln.

Blütenköpfe hinter Glas

Die durchsichtige Schönheit gepreßter Blüten kommt zwischen zwei Glasplatten besonders gut zur Geltung. Vor einem Fenster aufgestellt, erfreut das farbenprächtige Glasblumenbild das ganze Jahr hindurch das Auge. Die Anleitung zum Pressen von Blüten und Blättern finden Sie auf S. 140.

Unten: Für diesen Bilderrahmen werden Blüten und Blätter benötigt. Diese sollten unbeschädigt bleiben, wenn Sie sie aus der Presse holen. Arrangieren Sie die Pflanzen auf einer Glasplatte und legen Sie die zweite Platte darauf. Stellen Sie das Bild so auf, daß das Licht von hinten durchscheinen kann.

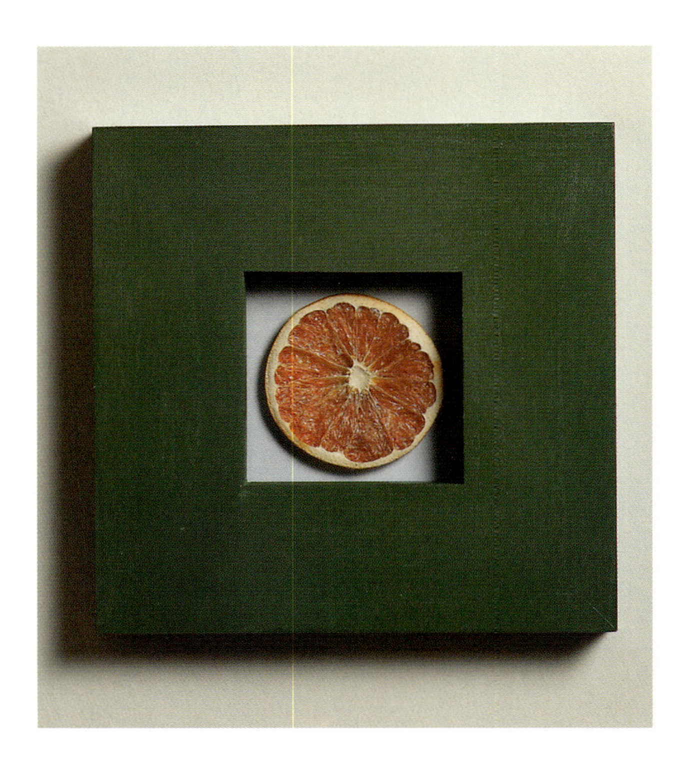

Geschmücktes Formbäumchen

Wer das dekorierte Formbäumchen sehr dringend benötigt, kauft sich am besten ein einfaches, bereits fertiges Exemplar und peppt es ein wenig auf. Der Miniaturbaum wirkt um so attraktiver, je sparsamer Sie mit den Deko-Elementen umgehen.

Goldener Artischocken-Kerzenhalter

Nachdem die Artischocken hängend an der Luft getrocknet wurden (siehe S. 138), lassen sie sich mit Hilfe von Spray- oder Malfarben problemlos und schnell in edle und dennoch preiswerte Kerzenhalter verwandeln.

Unten: Den Stiel einer getrockneten Artischocke so abschneiden, daß eine ebene Auflagefläche entsteht. Dann so viele Blätter aus der Mitte entfernen, daß die entstandene Lükke der Kerzengröße entspricht. Den Kerzenhalter gleichmäßig mit Goldspray besprühen und trocknen lassen.

Rechts: In den Rand einer Orangenscheibe zwei kleine Löcher bohren, etwas Bast durchziehen und eine Schleife binden. Bereiten Sie auf diese Weise sieben Scheiben vor und kleben Sie diese an der Mooskugel und dem Stamm fest. Auch der Boden wird mit Orangenscheiben geschmückt.

Dekorative Samenkapseln

Mit Glasgefäßen, von massiven Quadern bis zu schlanken Reagenzröhrchen, und Trockenpflanzen lassen sich kunstvolle Effekte erzielen. Die Mohnkapseln in der Abbildung links wirken wie eine abstrakte Grafik.

Lotoskapseln und Schwimmkerzen

Für eine romantische Atmosphäre an lauschigen Abenden sorgt diese Schale mit Lotoskapseln und Schwimmkerzen (unten). Wenn man vergessen hat, Blumen für die Abendeinladung zu besorgen, ist eine solche Schale ein guter Ersatz. Sie ist so wirkungsvoll, weil die Elemente gleichfarbig, die Strukturen jedoch vielfältig sind. Auch in Silber ein wahrer Blickfang.

Oben: Bei diesem raffinierten Arrangement steckt man die Mohnkapseln durch einen perforierten Metalldeckel, der sie in Position hält.

Unten: Zunächst eine Reihe verschieden großer Kieselsteine und ein paar Lotoskapseln mit Goldspray überziehen. Die Steine nach dem Trocknen auf dem Boden der Schale verteilen und diese bis etwa 2,5 cm unter den Rand mit Wasser auffüllen. Dann Schwimmkerzen, Lotoskapseln und goldene Blattsterne auf das Wasser setzen. Die Schale auf ein niedriges Tischchen oder in die Mitte der Tafel stellen und die Kerzen anzünden.

Bambuskerzenhalter

Aus Bambusrohr, getrockneter Schüsselflechte und Weinranken entstehen im Handumdrehen diese ganz speziellen Kerzenhalter. Man kann ihnen jede Höhe geben und sie in Farben besprühen, die zu der eigenen Wohnungseinrichtung passen. Am besten jedoch wirken Bambuskerzenhalter in naturbelassenem Zustand mit schlichten, weißen Kerzen. Die Kerzen müssen ausgetauscht werden, sobald sie auf die Höhe des Mooses und der Weinranken herabgebrannt sind.

Unten: Für zwei Kerzenhalter sägen Sie von einem Bambusrohr zwei Teile mit unterschiedlicher Länge ab (z. B. 25 cm und 20 cm). Die eine Seite soll als Standfläche dienen und muß daher gerade gesägt sein; in die andere Seite wird die Kerze gesteckt, so daß sie auf dem Boden einer Kammer Halt findet, ihr größter Teil jedoch noch oben herausragt. Zuletzt klebt man noch ein paar Stücke Schüsselflechte und dazu einige Weinranken am oberen Rand der Bambusrohre fest. Dekorieren Sie den Fuß mit losen Weinranken.

Raffhalter für die Gardinen

Wenn man sich an seinen Vorhängen sattgesehen hat, kann man neue kaufen oder kleine, aber wirkungsvolle Veränderungen vornehmen – eine auffällige Schleife mit einer Trockenblume kostet nicht viel! Am besten eignet sich eine große Blüte, zum Beispiel eine Hortensie, doch auch Pfingstrosen, Sonnenblumen oder Hahnenkamm sind dekorativ. Versuchen Sie es mit einer hübschen Blütengruppierung und verbinden Sie die Blüten entsprechend der Anleitung auf S. 147.

Unten: Für diese Raffhalter benötigen Sie ein breites, mit Draht verstärktes Band, das farblich zu Ihrer Gardine paßt. Schlingen Sie ein Stück Band um die Gardine und binden Sie an der Rückseite eine kleine Schleife. Ein weiteres Stück Band windet man um das erste Band und bindet es vorne zu einer großzügigen Schleife. Sprühen Sie eine Blüte mit goldener Farbe ein und lassen Sie sie trocknen. Schließlich steckt man den Stengel vorne durch die Mitte der großen Schleife. Den zweiten Raffhalter stellt man auf die gleiche Weise her.

Nach alter Tradition

Moderne Gestaltungsweisen und Materialien haben einige der schönsten traditionellen Stilformen der Floristik in Vergessenheit geraten lassen. Dabei stehen die altbekannten Gestecke ihren Nachfolgern in nichts nach. Auf technische Neuerungen muß man nicht verzichten.

Magnolien-Spiegel

Wie ein Lorbeerkranz mutet dieser Spiegelrahmen an, der jedem Raum eine edle Note verleiht. Durch die Behandlung mit Glyzerin haben die Magnolienblätter eine dunkelgrüne, glänzende Oberfläche erhalten, die noch den schwächsten Lichtschein reflektiert. Deswegen wirkt der Magnolienspiegel wie verzaubert, wenn ihn das sanfte Licht der Morgen- oder Abendsonne streift. Er macht sich aber auch in einem fensterlosen Korridor, in einer Diele oder im Eßzimmer gut.

Was Sie brauchen

- Moos
- Magnolienblätter
- Kranzreifen aus Draht
- Blumendraht
- Haften
- Rundspiegel

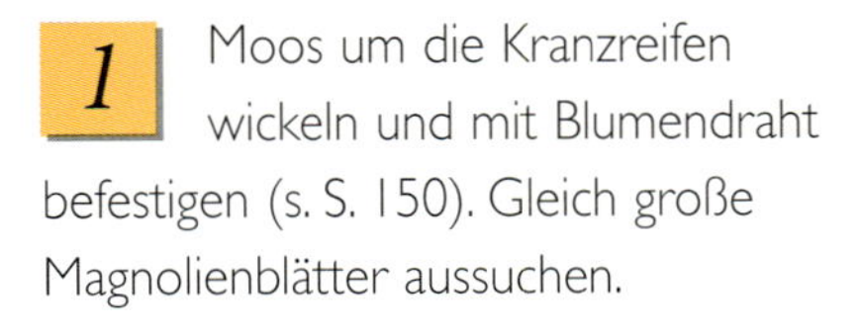

1 Moos um die Kranzreifen wickeln und mit Blumendraht befestigen (s. S. 150). Gleich große Magnolienblätter aussuchen.

2 Die Blätter mit Haften im Uhrzeigersinn so an der Außenseite des Kranzes feststecken, daß sie sich wie Schuppen überlappen.

3 Auch die Innenseite mit Blättern auskleiden, bis das Moos bedeckt ist. Den Kranz mit Draht oder Klebstoff am Spiegel befestigen.

Gesteck aus roten Blüten

Ganz im Stil der üppigen Blumenstilleben der niederländischen Malerei des 16. und 17. Jahrhunderts wird hier eine große Vase reich mit roten Blüten geschmückt. Dabei werden verschiedene Blütensorten eingesetzt und so gruppiert, daß die Vielfalt an Strukturen und Farbnuancen möglichst reizvoll zur Geltung kommt. Die hitzige Pracht der roten Blütenköpfe wird durch einen ruhigen Rhythmus gedämpft, der dadurch entsteht, daß große und zarte Blüten mit fließenden Linien kombiniert werden. Eine derart verschwenderisch geschmückte Vase paßt vorzüglich in eine Nische im Wohnraum.

Ganz anders, aber nicht weniger überzeugend, wirkt diese Blumenvase, wenn Sie Trockenblumen verwenden, die farblich nicht harmonisch aufeinander abgestimmt sind, sondern ganz im Gegenteil starke Kontraste bilden.

Was Sie brauchen

- getrocknetes Moos
- getrocknete Artischocke
- rote und rosa Hortensien
- rosa und purpurroter Amarant, verdrahtet
- rosa Pfingstrosen
- roter und rosa Hahnenkamm
- purpurroter Frauenmantel
- rote und rosa Rosen
- Maschendraht
- große Vase im antiken Stil
- Stützdraht
- Klebepistole und -stäbchen
- Schere

1 Aus Maschendraht und Moos eine Steckbasis herstellen (Anleitung S. 144), die genauso hoch ist wie die Vase. Dann die Basis in die Vase schieben.

2 Beginnen Sie beim Stecken mit den großen Blüten wie Hortensien und Artischocken. Dann verdrahtete Amarantstengel seitlich herabhängen lassen.

3 Lücken mit Pfingstrosen, Hahnenkamm, Frauenmantel und Rosen füllen. Zur Abrundung an der Oberseite des Gefäßes noch etwas Moos unter die Blüten kleben.

Zimt-Potpourri

Die traditionelle Kombination von Zimt und Zitrusfrüchten erhält in diesem Duftgefäß eine neue Note. Die Blätter der Rosen und das milde Potpourri sorgen dafür, daß sich das warme Aroma des Zimts harmonisch mit dem frischen Duft von Orangen, Zitronen und Grapefruits verbindet.

Was Sie brauchen

- Orangen und Zitronen (Scheiben und ganze Früchte)
- gemischtes Potpourri
- Lampionblumen
- Blütenblätter von Rosen
- Zimtstangen
- Pfefferkörner
- Rittersporn
- rundes Glasgefäß

1 Orangen und Zitronen lassen sich völlig problemlos trocknen und bei vielen Projekten einsetzen. Man geht in zwei Arbeitsschritten vor: Zuerst schneidet man die Früchte mit einem scharfen Messer in Scheiben.

2 Dann legt man die Scheiben auf einen Rost, so daß die Luft zirkulieren kann, und trocknet sie bei 80 °C (Gas: Stufe 1) vier Stunden lang im Backrohr. Die Ofentür bleibt dabei halb offen.

3 Das Glasgefäß wird etwa bis zur Hälfte mit den verschiedenen Zitrusscheiben, den Lampionblumen, den ganzen, getrockneten Orangen und Zitronen sowie den Rosenblütenblättern gefüllt.

4 Die Zimtstangen mit einer scharfen Schere auf die gleiche Länge (ca. 7–10 cm) kürzen. Die abgeschnittenen Enden können unter das Potpourri gemischt werden. Die Stangen dicht an der Glasinnenwand in das Potpourri stecken.

5 Sind die Zimtstangen über den ganzen Umfang verteilt, schiebt man einzelne Orangen- und Zitronenscheiben, Pfefferkörner, etwas Rittersporn und Rosenblütenblätter vor sie an die Glaswand.

GUTE IDEE

Eine herbstlich-goldene Duftvariante entsteht aus Orangenscheiben, Lampion- und Sonnenblumen, Immerschön, gelben Rosen, gemischten Blütenblättern und Zimtstangen.

1 *Auf den Boden eines Glases 5–6 Sonnenblumenblüten legen. Die Köpfe sollen nach außen gerichtet sein.*

2 *Schmücken Sie die Glaswand mit einer Reihe Orangenscheiben, so daß diese von den Sonnenblumen in Position gehalten werden.*

3 *Das Glas wird mit Lampionblumen, gelben Rosen und einer Mischung aus gelben und orangefarbenen Blütenblättern aufgefüllt.*

4 *Aroma und Würze erhält das Potpourri durch kleingeschnittene Zimtstangen, die von oben zwischen das Material gesteckt werden.*

Orangen-bäumchen

Die kräftigen Farben der getrockneten Orangenscheiben auf dem Bäumchen passen ausgesprochen gut zu warmen Hölzern und Stoffen. Licht bringt die transparenten Scheiben herrlich zum Leuchten.

Das exotische Bäumchen verschönert Korridore und Dielen und verströmt dabei seinen zarten Zitrusduft. Zwei Bäumchen bilden einen wirkungsvollen Rahmen für einen Kamin oder ein Fenster.

1 Den Steckschaumblock so zurechtschnitzen, daß er fest im Topf sitzt. Den Stamm zuschneiden und die beiden Enden anspitzen.

2 Klebepistole anschalten. Ein Ende des hölzernen Stamms in die Mitte der Schaumkugel bohren und beide Teile fest verkleben.

3 Steckschaumblock in den Blumentopf einpassen. Das andere Stammende in den Block bohren und festkleben.

4 Durch zwei Orangenscheiben, die sich überlappen, nahe am Rand Draht bohren. Die Enden umbiegen und verzwirbeln.

Was Sie brauchen

- 28 cm langer, dünner Holzstamm
- ca. 60 Orangenscheiben
- Moos
- Steckschaumkugel, Steckschaumblock
- 15-cm-Terrakottatopf
- Klebepistole und -stäbchen
- scharfes Messer
- Stützdraht

5 Den Draht tief in den Steckschaum drücken und festkleben. Wiederholen Sie den Vorgang, bis das Bäumchen voll und rund ist.

6 Letzte Lücken füllen Sie mit einzelnen Orangenscheiben. Am Schluß kleben Sie über dem Steckschaum im Topf Moos fest.

Wandbehang aus Samt und Blüten

Wie eine verzauberte Landschaft wirkt ein Wandbehang aus Samt und Blüten. Er ist sehr leicht herzustellen. Sie brauchen neben den Trockenblumen lediglich eine Hartfaserplatte und etwas roten Samt. Am besten kommen die satten, warmen Farben und üppigen Strukturen auf einer neutral getünchten Wand zur Geltung.

Was Sie brauchen

- Flachmoos
- rosa Amarant
- rosa Pfingstrosen
- roter Hahnenkamm
- rote Rosen
- 30 x 60 cm Hartfaserplatte
- 2 rote Kordeln mit Quasten
- 1,5 m roter Samt
- Klebepistole und -stäbchen

1 Für die Aufhängung zwei Löcher in die Schmalseite der Platte bohren und die Kordeln mit den Quasten durchziehen.

2 Eine Schlaufe zum Aufhängen lassen und die Kordeln verknoten. Nun den Samt mit einem Ende oben am Brett ankleben.

3 Den Samt so raffen, daß er in einer geschwungenen Linie über das Brett verläuft, und mit Klebstoff am Brett fixieren.

4 Kleine Moosstücke in die Zwischenräume um den Samt herum kleben, bis von dem Brett nichts mehr zu sehen ist.

5 Rechts und links vom Samt Amarantwedel auf dem Moos anordnen und mit der Klebepistole befestigen.

6 Dann den restlichen moosigen Untergrund mit rosa Pfingstrosen, rotem Hahnenkamm und roten Rosen ausschmücken.

Eukalyptus-Gesteck

Diese reizvolle Kombination aus hellroter Terrakotta und dunkelgrünen Eukalyptuszweigen macht sich in einer Diele besonders gut, wo der Terrakottatopf, den man gewöhnlich eher draußen antrifft, eine Verbindung zwischen Haus und Garten schafft. Eine halbrunde Form ist vor allem bei kleineren Räumen praktisch, weil der Topf dann nur wenig Platz wegnimmt.

Was Sie brauchen

- *lange Eukalyptuszweige, die zuvor mit Glyzerin behandelt wurden*
- *großer, halbrunder Terrakottatopf*
- *2 m Maschendraht*
- *Schere*

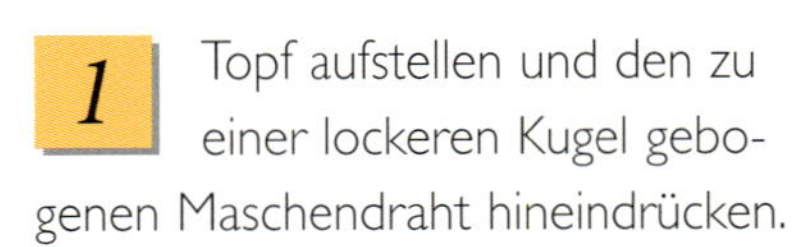

1 Topf aufstellen und den zu einer lockeren Kugel gebogenen Maschendraht hineindrücken.

2 Die ersten Zweige dicht an die Wand und an die Seiten stecken, um die Form vorzugeben.

3 Mit dem restlichen Eukalyptus eine Halbkugel bilden; falls nötig, die Zweige zuschneiden.

Der neue Stil

In den letzten Jahren haben verbesserte Trockenmethoden und moderne Techniken der Trockenblumen-Floristik neue und interessante Wege eröffnet. Diese neue Stilart zeichnet sich in erster Linie durch leuchtende Farben und außergewöhnlich aufregende Formen aus.

Kasten mit Weizen und Blüten

Bei dieser einfachen, aber wirkungsvollen linearen Gestaltung gehen Weizen, Lavendel und Hortensien eine reizvolle Verbindung aus Farben und Strukturen ein. Das Arrangement, das an den verschiedensten Standorten zum Blickfang wird, paßt aufgrund seiner rechteckigen Form besonders gut in eine Nische oder auf ein Regal.

1 Füllen Sie den Kasten oder den Trog vollständig mit Steckschaum. Falls nötig, schneiden Sie dafür passende Stücke von einem großen Steckschaumblock ab.

Was Sie brauchen

- Lavendelzweige
- Saatweizenähren
- Hortensienblüten
- Blumenkasten oder Trog, der nicht zu schmal sein sollte
- Messer und Schere
- eine ausreichende Menge an Steckschaum, um das Gefäß zu füllen
- Stützdraht

2 Die Weizenhalme in etwa auf dieselbe Länge kürzen (ideal sind ca. 35 cm) und kleine Gruppen von jeweils fünf bis neun Halmen bilden.

3 Die Halme an der Längsseite des Kastens von links nach rechts in einer Reihe in den Schaum stecken. Prüfen Sie die Höhe aus größerem Abstand.

4 Die Lavendelzweige auf eine Länge von ca. 25 cm kürzen. Kleine Sträuße aus jeweils etwa 10 Stengeln bilden, die Enden mit Draht umwickeln. Stecken Sie die Lavendelsträuße in einer Reihe vor den Weizen.

5 Fünf oder mehr Hortensienblüten verdrahten (s. S. 147) und vor dem Lavendel in den Schaum stecken. Den Weizen oder den Lavendel können Sie am Schluß noch etwas zurechtschneiden.

GUTE IDEE

Rittersporn, Lavendel, Mohnkapseln, Kugeldisteln und ein kleines verwittertes Holzstück werden hier von links nach rechts so in einen Blumenkasten gesteckt, daß eine schöne, diagonal verlaufende Anordnung entsteht.

1 *Neben ein paar große Büschel Rittersporn 12–15 verdrahtete, etwas kürzere Lavendelsträuße stecken.*

2 *Bilden Sie aus etwa 30 Mohnkapseln, die Sie in Reihen neben den Lavendel stekken, eine weitere Stufe.*

3 *Etwa 17 Kugeldisteln ergeben die letzte Stufe.*

4 *Das Holz kommt links neben den Rittersporn.*

Willkommensgirlande

Eine duftende Girlande an der Tür des Gästezimmers ist ein herzlicher Empfang, an den sich der Gast lange erinnern wird, vor allem wenn er die Girlande als Geschenk mit nach Hause nehmen darf. Das Aroma des Lavendels erfüllt das Gästezimmer, während die Rosen einen fröhlichen, sommerlichen Akzent setzen. Lavendel ist ein altes Hausmittel, er wirkt beruhigend und fördert den Schlaf.

Was Sie brauchen

- Lavendel
- gelbe Rosen
- Rentiermoos
- 2 runde Ausstechformen (Durchmesser der größeren ca. 10 cm)
- Steckschaum
- Klebepistole und -stäbchen
- 2 m purpurfarbenes Satinband
- Schere

1 Mit der größeren Form aus dem Steckschaum einen Kreis stechen. Den Kreis mit der zweiten Ausstechform zu einer Mondsichel formen.

2 Drei Viertel des Lavendels mit Silberdraht zu zwei Sträußen binden. Kürzere Stengel hinzustecken, so daß die Sträuße interessanter aussehen.

3 Die Lavendelenden gleichmäßig zuschneiden und die beiden Sträuße an ihren Enden mit Silberdraht verbinden.

4 Die Rosenstengel auf ca. 1 cm kürzen und die Blüten vorsichtig in die Oberseite des Steckschaummonds stecken.

5 Den Mond mit aufgesteckten Rosenköpfen völlig bedekken. Einen Stützdraht quer durch den Schaum bohren und die Enden nach unten biegen.

6 Den Mond mit den Drahtenden über der Verbindungsstelle der Sträuße anbringen, noch sichtbare Steckschaumteile mit Rentiermoos bekleben.

7 Die gesamte Girlande wird schließlich mit dem Satinband spiralförmig umwunden. Die Enden befestigt man mit einem lokkeren Knoten am Lavendel.

Hortensien-Wanne

Die prächtigen Blüten der Hortensien wirken in einem schlichten Gefäß wie dieser alten Wanne besonders attraktiv – das Behältnis muß nur groß genug sein. Das rustikale Arrangement paßt am besten in halb-offene, luftige Räume oder in einen Wintergarten.

1 Den Maschendraht so in die Wanne einpassen, daß eine Kuppel entsteht. Die Ränder nach innen biegen.

Was Sie brauchen

- 20 blaue oder grüne Hortensienblüten
- große Wanne aus Metall oder ein ähnliches Gefäß
- ein Stück Maschendraht, größer als das Gefäß
- Gartenschere

2 Die Hortensienstengel auf etwas weniger als die Gefäßhöhe kürzen und die Blüten dicht an dicht in den Maschendraht stecken. Sie sollen den Maschendraht am Schluß lückenlos abdecken.

Ofenschirm mit Rosenmuster

Wie einladend ein offener Kamin mit flackerndem Feuer an einem kalten Wintertag auch sein mag, im Sommer wirkt der erloschene Kamin doch arg schmucklos. Ein dekorativer Ofenschirm löst dieses Problem auf zweierlei Weise: Er verbirgt zum einen die dunkle Öffnung und verschönert zugleich den Raum.

In diesem Beispiel ziert ein Schachbrettmuster den Ofenschirm. Quadrate aus roten Rosen wechseln sich mit Schüsselflechte ab. Abgerundet wird das Bild von vier Flächen, die mit Flachmoos gefüllt werden.

Was Sie brauchen

- gefriergetrocknete rote Rosen
- Schüsselflechte
- Flachmoos
- Steckschaumblock
- Haften
- Bilderrahmen aus Holz
- Messingfüße

1 Die Rosenstiele auf 1 cm kürzen; das Moos ausbreiten und überprüfen, ob es trocken ist. Den Steckschaum auf Rahmengröße zuschneiden.

2 Den Steckschaum am Rahmen festkleben. Nach dem Trocknen die Fläche mit dem Filzstift in 24 gleich große Quadrate einteilen.

3 Die Rosenquadrate dicht mit Blütenköpfen füllen. In den Nachbarvierecken Flechtenstücke mit Haften feststecken.

4 Die letzten Quadrate mit Flachmoos füllen, die Messingfüße am Rahmen anbringen und den Schirm aufstellen.

Bäumchen mit Flechtenkrone

Ein ungewöhnliches Arrangement, bei dem die Rollen vertauscht sind: nicht die Steckschaumkugeln werden mit Rosen verziert und der Boden mit Flechte oder Moos bedeckt, sondern umgekehrt. Die holzähnlichen Zimtstangen bilden einen hübschen Kontrast zur gekräuselten Flechte; ein samtener Teppich aus roten Rosen ergänzt das Bild.

Was Sie brauchen

- Schüsselflechte
- 30 gefriergetrocknete Rosen
- 12 Zimtstangen
- 3 Bambusröhrchen
- 3 Steckschaumkugeln
- Haften
- Steckschaum für die Basis
- Schnur, drahtverstärktes Band
- graubemaltes Terrakottagefäß

1 In die Mitte der Schaumkugel ein Bambusröhrchen und ringsum 4 Zimtstangen stecken. Am oberen Ende die Zimtstangen mit Schnur am Bambus festbinden.

2 Die ganze Kugel gleichmäßig und vollständig mit Schüsselflechte bekleiden. Man beginnt am Stamm und arbeitet sich nach oben vor. Die Flechtenstückchen mit Haften feststecken.

3 Ein Stück Band an der Kugel feststecken und um den Stamm winden. Baum in den Steckschaum im Gefäß stecken.

4 Wenn alle drei Bäumchen fertig sind, werden die Rosen zu einem Blütenteppich dicht an dicht in den Schaumboden gesteckt.

Komposition mit Artischocken

Die Form der Artischocke ist so ausdrucksstark, daß man mit einem Minimum an zusätzlichen Materialien hochinteressante Kompositionen schaffen kann. Früh gepflückte Artischocken können getrocknet und dann mit Gold oder Silber besprüht werden; naturbelassen sind sie zu dieser Zeit grünbraun. Später im Herbst zeigen sie wunderbar bläuliche und purpurne Farben.

Was Sie brauchen

- *Artischocken*
- *Gitterdraht*
- *Bilderrahmen*
- *Stützdraht*

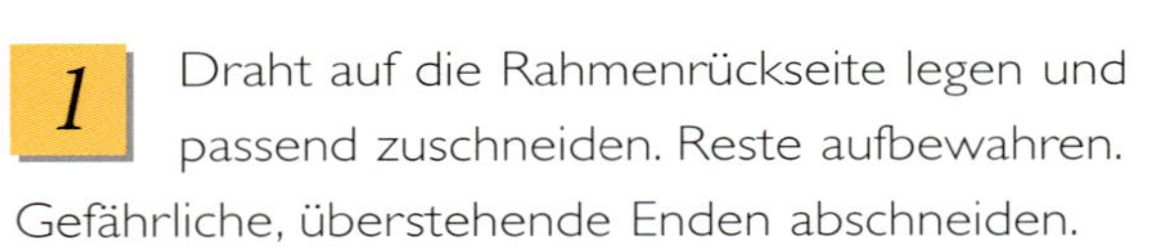

1 Draht auf die Rahmenrückseite legen und passend zuschneiden. Reste aufbewahren. Gefährliche, überstehende Enden abschneiden.

2 Die Artischocken auf dem Gitterdraht möglichst wirkungsvoll anordnen und mit dem Stützdraht fixieren.

3 Ein etwa 5 × 30 cm großes Stück Draht zu einer Spirale biegen, zwischen den Blüten hindurchziehen und mit Stützdraht anbringen.

4 Schließlich wird das fertige Bild in den Rahmen eingefügt und mit Nägeln oder Klammern am inneren Rand befestigt.

Country-Stil made in USA

In den ländlichen Gegenden der USA gab es in früheren Zeiten nicht viel zu kaufen. Was man brauchte, stellte man selbst her. So entstand der amerikanische Country-Stil, in dem der Erfindungsgeist der Pionierzeit noch heute zu spüren ist.

Chili-Kranz im Pueblo-Stil

Schon seit Jahrhunderten bauen die Pueblo-Indianer im Südwesten der USA ihre Häuser aus luftgetrockneten Lehmziegeln. Massive Wände, flache Dächer und gemasertes Holz sind typisch für ihre Bauten. In den Küchen hängen sogenannte „ristras“, an Schnüren aufgereihte Chilischoten. Hier entsteht ein solcher Kranz. Er paßt bestens in die moderne Küche.

Was Sie brauchen
• getrocknete Chilischoten
• Bast
• Kranzbasis aus Zweigen
• Schere
• Klebepistole und -stäbchen

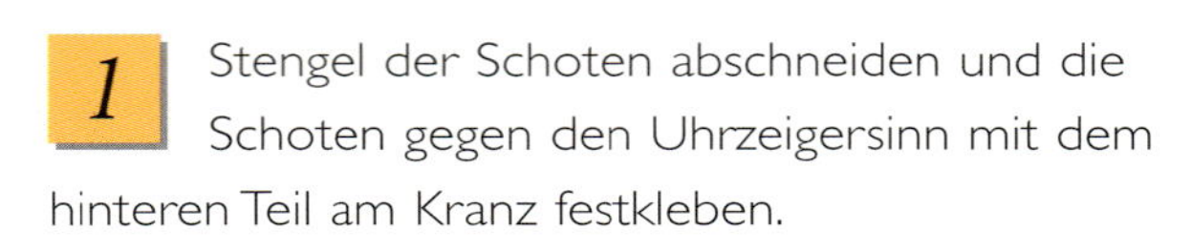

1 Stengel der Schoten abschneiden und die Schoten gegen den Uhrzeigersinn mit dem hinteren Teil am Kranz festkleben.

2 Den Kranz im Uhrzeigersinn mit überlappenden Schoten völlig bedecken. Zum Aufhängen Bast locker um den Kranz schlingen.

Santa-Fe-Maiskranz

In Santa Fe, der Hauptstadt von New Mexico, verschmolz vor langer Zeit der ursprüngliche amerikanische Pueblo-Stil mit dem spanischen Kolonialstil und unterlag später Einflüssen aus dem amerikanischen Westen. Der Maiskranz ist ein typisches Beispiel für die so gewachsene neue Stilart, die ganz zu dem hellen Licht und der rauhen Landschaft des Südwestens paßt. Wenngleich der Kranz aus den so auffällig gemusterten Maiskolben nicht gerade schlicht wirkt, ist er ganz einfach herzustellen.

Was Sie brauchen

- getrocknete, zweifarbige, kleine Maiskolben
- fertig gekaufte oder selbstgemachte Kranzbasis aus Zweigen
- Bast
- Stützdraht

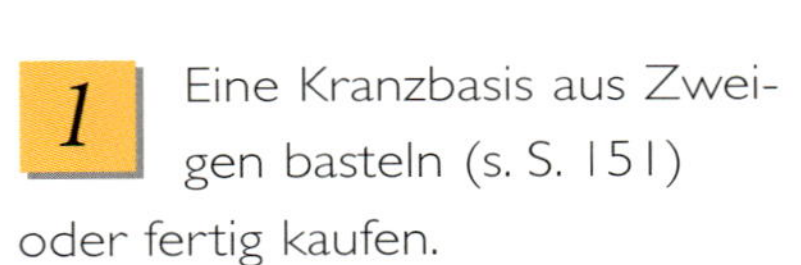

1 Eine Kranzbasis aus Zweigen basteln (s. S. 151) oder fertig kaufen.

2 Den naturfarbenen Bast bindet man mit einem Ende am Kranz fest.

3 Den Kranz mit Bast umwickeln, bis er völlig bedeckt ist. Enden abschneiden.

4 Die Enden der Maiskolben mit Draht umwickeln und am Kranz festmachen.

5 Die Kolben sollen gegen den Uhrzeigersinn gerichtet sein und sich überlappen.

6 Den Kranz umdrehen und eine Drahtschlinge zum Aufhängen anbringen.

„Shakers-Box“

Die Shakers waren eine kleine religiöse Sekte, die im 18. Jahrhundert aus England nach Amerika floh. Sie bildeten Gemeinschaften und versorgten sich selbst. Die Sekte gibt es mittlerweile längst nicht mehr, aber die schlichten und eleganten Werkzeuge und Möbel, die die Immigranten herstellten, wirken heute noch hochmodern.

Ovale Schachteln waren eine Spezialität der Shakers. Hier wird eine Schachtel aus Ahornholz verwendet, die farblich besonders gut zu Lavendel paßt.

Was Sie brauchen

- Lavendel
- Rentierflechte
- ovale Schachtel
- Steckschaum
- Schere und scharfes Messer
- Klebepistole und -stäbchen

1 Steckschaum für die Schachtel zuschneiden (s. S. 144). Lavendel in 20 Sträußchen aufteilen und auf 20 cm kürzen.

2 Die Lavendelsträußchen in den Schaum stecken. Von hinten nach vorne arbeiten und gut auf die Höhe achten.

3 Die Rentierflechte an den Schachtelrändern festkleben und überstehenden Lavendel zurechtschneiden.

Neuengland-Kranz

Dieser Blütentraum voller ländlicher Romantik stammt aus den Neuenglandstaaten. In dem farbenprächtigen Kranz beherrscht der Rittersporn das Bild. Er gehört zu den beliebtesten Pflanzen für Trockenblumengebinde, da sich seine Farben lange halten und man ihn leicht ziehen und konservieren kann. Übrigens wird Rittersporn auch für Potpourris gerne verwendet. Abgerundet wird die Blütenpracht in diesem Kranz von Eukalyptusblättern. Das silbrige Blattwerk kann getrocknet und mit Glyzerin behandelt werden. Die schöne Farbe kann man mit Lack noch betonen.

Was Sie brauchen

- rote Eukalyptusstengel
- weißer und rosa Rittersporn
- hellrosa Rosen
- hellrosa Pfingstrosen
- moosgepolsterte Kranzbasis, Durchmesser 35–40 cm
- Klebepistole und -stäbchen
- Schere
- Stützdraht und Blumendraht

1 Die Klebepistole anschalten. Die Euklayptusstengel und den weißen und rosa Rittersporn auf 20–25 cm kürzen. Alle Stengel verdrahten (siehe Anleitung S. 146–147).

2 Das verdrahtete Ende eines Eukalyptusstengels befestigt man nun mit Blumendraht so an dem Kranz, daß die Spitze gegen den Uhrzeigersinn weist.

3 Ein Ritterspornsträußchen über dem Eukalyptus anbringen. Abwechselnd Eukalyptusstengel, rosa und weißen Rittersporn im Uhrzeigersinn in den Kranz einarbeiten.

4 Rosen und Pfingstrosen auf eine Stengellänge von 5 cm kürzen, gleichmäßig zwischen Eukalyptus und Rittersporn verteilen und mit der Klebepistole am Kranz festkleben.

Im Trend

Minimalistische Ausdrucksformen liegen heutzutage voll im Trend und sind eine perfekte Ergänzung für moderne Wohnungseinrichtungen: Dabei werden ein oder zwei verschiedene Materialien zu gewagten Formen arrangiert.

Abstrakter Magnolienbaum

Dieser ungewöhnliche Magnolienbaum paßt großartig in einen Korridor. Weder klassisch rund noch pyramidenförmig, sondern quadratisch bricht er mit den Konventionen des herkömmlichen Formbäumchens. Zudem ist sein Stamm nicht aus Holz, sondern aus Stahl.

Die grünen, mit Glyzerin behandelten Magnolienblätter überlappen sich wie Schuppen. Die Oberflächen schimmern ledern und sehen sehr authentisch aus.

Was Sie brauchen

- Magnolienblätter
- Zierkugeln
- Sand und Kieselsteine
- Gefäß und Rohr aus Metall
- Steckschaum
- Floristenband und Haften

1 Einen Stapel aus vier Steckschaumblöcken mit Floristenband zusammenbinden. Den untersten Block mittig auf das Stahlrohr setzen und so hinunterdrücken, daß ein Loch entsteht. Block und Rohr wieder trennen.

2 Arbeiten Sie von oben nach unten, und stecken Sie die Magnolienblätter mit Haften fest. Achten Sie darauf, daß die Blätter einander überlappen und daß die oberen Blätter über die Kanten hinausreichen.

3 Füllen Sie Reihe um Reihe alle Seiten des Steckschaumstapels mit Magnolienblättern. Dabei sollten Sie darauf achten, daß jeder Blattstengel von einer darüberliegenden Blattspitze verdeckt wird.

4 Auf den Boden des Stahleimers wird Sand geschüttet. Rammen Sie das Stahlrohr dann fest in die Mitte des Sandes und füllen Sie den Eimer bis zum Rand mit Kieselsteinen auf.

5 Überprüfen Sie, ob das Stahlrohr fest sitzt. Schließlich stecken Sie den Magnolienblock auf das Rohr. Drücken Sie den Block so weit nach unten, daß er einen guten Halt hat.

6 Ganz zum Schluß wird ein interessanter Akzent gesetzt: Krönen Sie den Baum durch drei aufgesteckte Kugeln in Hellgrün oder einer anderen passenden Farbe. Die Kugeln werden im Dreieck angeordnet.

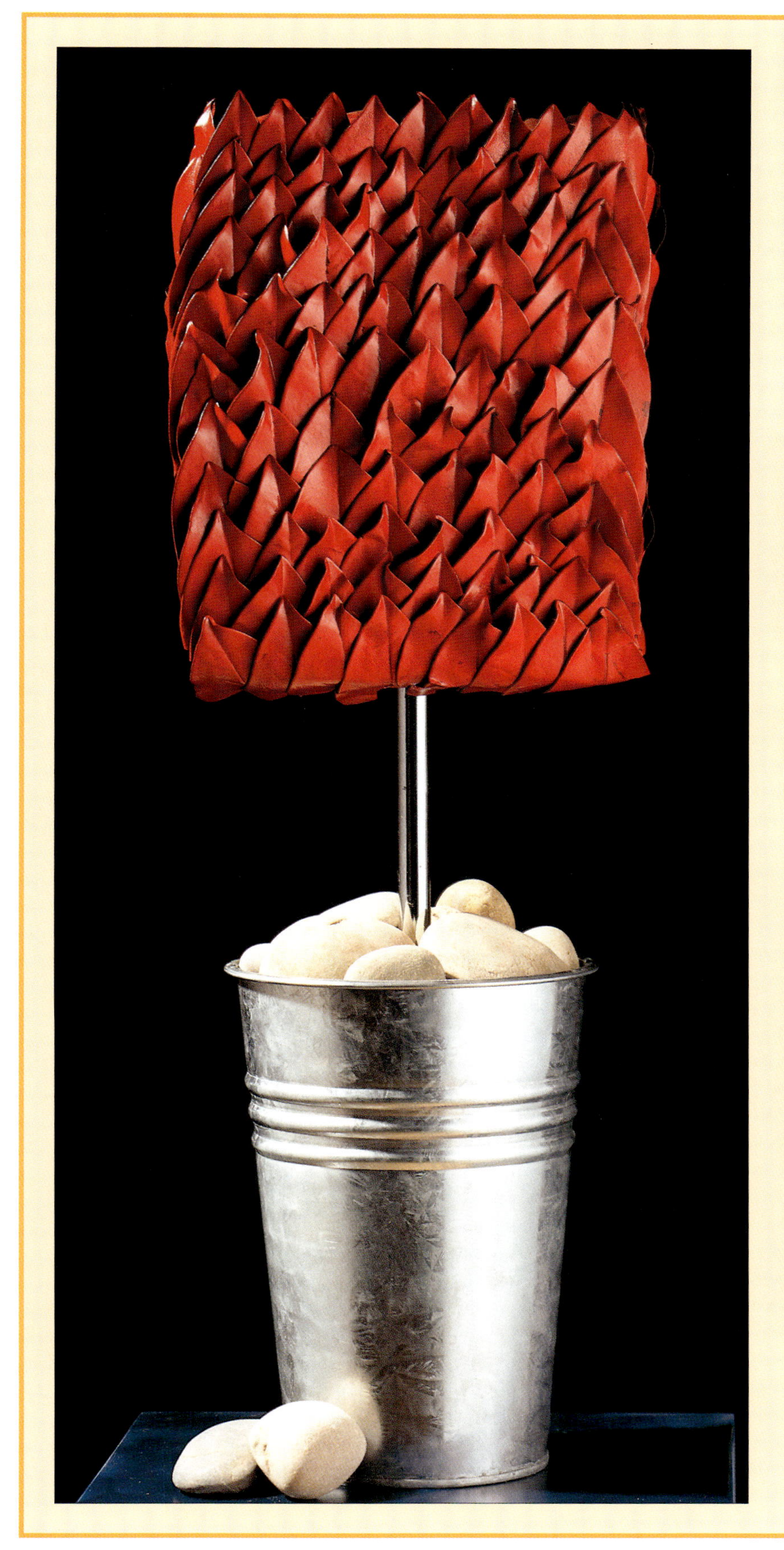

GUTE IDEE

Rot besprüht bildet das Bäumchen einen reizvollen Kontrast zu dem Stahleimer und den weißen Kieseln.

1 *Der Magnolienblock wird mit roter Farbe besprüht und der Eimer mit ziemlich großen weißen Kieseln gefüllt.*

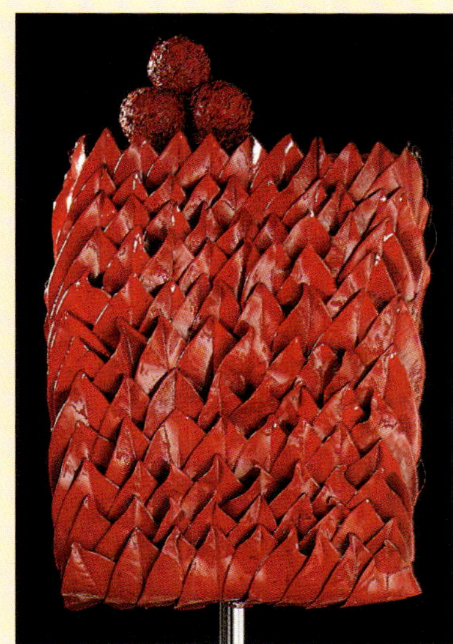

2 *Falls man mit den drei Bällchen einen Akzent setzen will, sprüht man auch sie mit Farbe ein und steckt sie fest.*

Moderner Obelisk

Minimalistisches Innendekor ist hochmodern. Dazu braucht man nicht unbedingt einen teuren Innenarchitekten. Die wichtigsten Merkmale sind die Konzentration auf einfache geometrische Formen und der Verzicht auf Verzierungen. Ein schönes Beispiel ist dieser Obelisk. Mit seinen klaren Linien gibt er einer Diele einen professionellen Anstrich. Gewagter sieht er in einem Eßzimmer oder auch in der Mitte eines Wohnzimmers aus. Am besten wirkt der schlichte Obelisk vor einer leeren, weißen Wand.

1 Das Gerüst für den Obelisken können Sie im Baumarkt oder im Gartencenter kaufen. Die vier Seiten werden mit Tacker und Bindedraht zusammengefügt, die Basis wird mit Goldfarbe bemalt.

Was Sie brauchen

- *Flachmoos*
- *Schüsselflechte*
- *Holzgerüst für den Obelisken*
- *Tacker und Klebepistole*
- *Bindedraht und Haften*
- *Plastikkugeln*
- *Goldspray und Blattgold*

2 Umwickeln Sie das Gerüst so mit Bindedraht, daß ein engmaschiges Netz entsteht, auf dem das Moos Halt findet.

3 Jetzt wird das ganze Gerüst von oben nach unten mit Flachmoos verkleidet. Dabei fixiert man die einzelnen Stücke, indem man sie mit Bindedraht umwickelt.

4 Wenn der ganze Obelisk verkleidet ist, steckt man auf dem Moos eine Schicht Flechten mit Haften fest.

5 Vier mittelgroße Plastikkugeln mit Goldfarbe besprühen und trocknen lassen.

6 Mit der Klebepistole an den vier Ecken der Basis jeweils eine goldene Kugel befestigen. Festhalten, bis der Kleber trocken ist.

7 Eine große Plastikkugel mit Blattgold verkleiden und vorsichtig an der Spitze des Obelisken festkleben.

Formale Spirale

Spiralen aus Moos haben die in Form geschnittenen Bäume und Hecken der Renaissancegärten zum Vorbild. Dort dienen die Formbäume als Blickfang und Wegweiser oder säumen Alleen und Wege. Eine Moosspirale kann im Zimmer ähnliche Funktionen übernehmen. Die kühne Form betont hohe Treppenschächte und Dielen oder entführt das Auge einen Korridor entlang, um die Länge des Raumes zu unterstreichen. Ein Spiralenpaar macht jede einfache Tür zum Portal.

Was Sie brauchen

- *Torfmoos*
- *Laubmoos*
- *1,6 m langes Birkenstämmchen*
- *Haften*
- *auf gut 3 m Länge zugeschnittener Maschendraht*
- *Fertigzement oder Gips*
- *kleines Gefäß aus Metall oder Plastik*
- *Kieselsteine*
- *großer, moderner Behälter*
- *Tacker mit kräftigen Klammern*

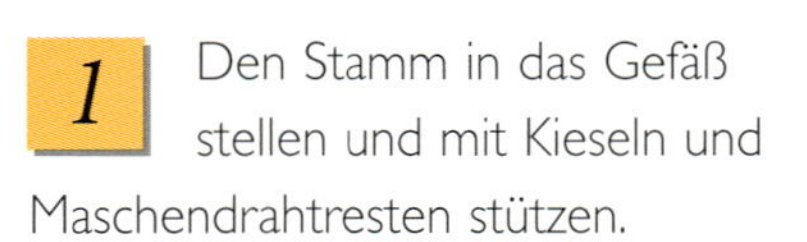

1 Den Stamm in das Gefäß stellen und mit Kieseln und Maschendrahtresten stützen.

2 Damit das Stämmchen einen stabilen Stand hat, das Gefäß mit Fertigzement oder Gips füllen.

3 Wickeln Sie den Maschendraht der Länge nach um das Torfmoos, und formen Sie eine Rolle, die an einem Ende dicker ist als am anderen. Stellen Sie den Topf mit dem Stamm in das große Gefäß.

4 Das dünnere Ende der Moosrolle wird an der Spitze des Stamms angetackert.

5 Die Moosrolle wird um den Stamm gewickelt und mit dem Tacker befestigt.

6 Das Laubmoos mit Haften auf das Torfmoos stecken, bis die Spirale bedeckt ist.

Gitterwelle mit Artischocken

In ihrer nüchternen Eleganz ist diese Tischdekoration ein typisches Kind des Zeitgeists und macht sich hervorragend als Schmuck auf einem modernen Tisch. Sie ist asymmetrisch und fällt sofort ins Auge. Die großen Artischocken unterstreichen die Schlichtheit des wellenförmigen Gitterdrahts. Das Ensemble erhält durch die Kurven im Metallgitter Rhythmus und Fluß, die sich in den Rundungen der Artischockensegmente wiederholen.

Was Sie brauchen

- *1 m langer Streifen Gitterdraht*
- *Artischocken*
- *Drahtzange*
- *Stützdraht*

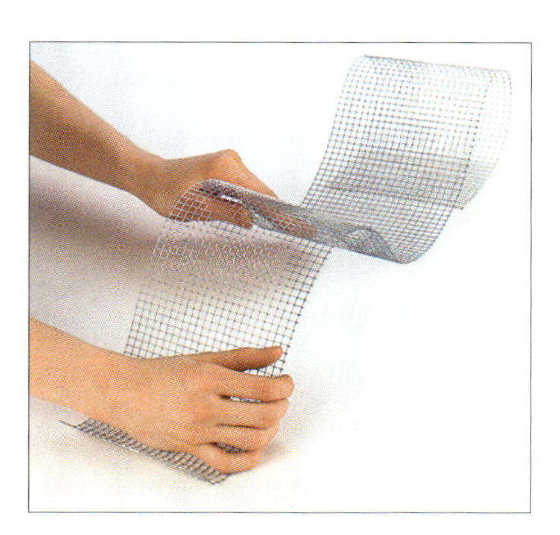

1 Schneiden Sie aus einem Stück Gitterdraht sorgfältig ein 1 m langes und 15 cm breites Stück aus.

2 Wenn man den Drahtstreifen in Wellenform biegt, achtet man sorgfältig darauf, daß er keinen Knick bekommt.

3 Schließlich werden die Artischocken in den Biegungen angeordnet und, falls nötig, mit Stützdraht befestigt.

Maritimer Stil

Ein Experiment mit nichtfloralen Materialien: Der maritime Stil mit seinen Muscheln, Tauen und Meerespflanzen weckt Erinnerungen an den letzten Badeurlaub.

Strandläufer-Design

Mit etwas Glück kann man beim Strandspaziergang am Meer hübsche Muscheln, Steine und interessante Arten von Seetang finden. Dieses Arrangement vereint solche Mitbringsel aus dem Urlaub mit Banksien, Weißdorn und Garben, die passend zu den sanften, sandigen Farben von Treib- und Strandgut eingefärbt werden können.

Was Sie brauchen

- *gebleichter Weißdorn*
- *grüngefärbte Garben*
- *Banksienblätter*
- *Rentierflechte*
- *dickes Seil*
- *ein großes Stück Treibholz*
- *Muscheln*
- *Steckschaum, Maschendraht*
- *Tacker*
- *Klebepistole und -stäbchen*

1 Die Schnur am Holz festbinden. Maschendraht antakkern, um den Steckschaum wickeln.

2 Den Schaumblock auf beiden Seiten mit gebleichtem Weißdorn einrahmen.

3 Den Schaum mit Schafgarben kaschieren und auf den Seiten Banksienblätter dazustecken.

4 Die Muscheln in die Komposition einfügen und mit der Klebepistole befestigen.

5 Rentierflechte um die Garben kleben. Das geschmückte Holz über die Badewanne hängen.

Strandlandschaft

Die Ozeane sind niemals ruhig. Selbst an den stillsten Tagen schlagen Wellen leise an den Strand, während die Brandung bei einem Sturm mit unablässiger Gewalt an die Küste peitscht. Es ist beinahe ein kleines Wunder, wie sich die Küsten stetig verändern und verschieben. Die Steine an den Stränden werden von den Wellen abgeschliffen und gegeneinandergestoßen, bis auch die geringste Spur von Kantigkeit verschwunden ist und die Steine mit sanften Rundungen und einer glatten Oberfläche zurückbleiben. Jedes Stück Holz, das die Flüsse ins Meer schwemmen, wird von den Wellen umhergetrieben, bevor es als Strandgut angespült wird. In diesem Beispiel wird die Atmosphäre einer Strandlandschaft eingefangen: Sand, Kiesel und Muscheln repräsentieren den Strand, die dynamischen Formen von Holz und Bärengras suggerieren Wind und Wellen.

Was Sie brauchen

- Treibholzstücke
- Rentierflechte
- Kugeldisteln
- Bärengras
- rechteckiges Glasgefäß
- Kies
- große runde Steine vom Strand
- kleinere runde Steine
- feiner Sand als Ergänzung zum Kies und zu den anderen Steinen
- verschiedene Muscheln

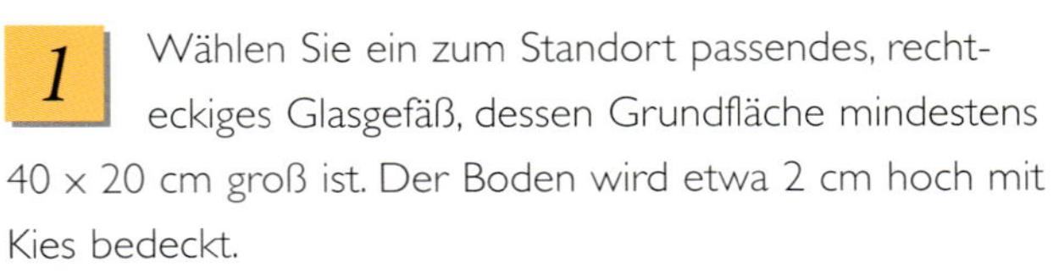

1 Wählen Sie ein zum Standort passendes, rechteckiges Glasgefäß, dessen Grundfläche mindestens 40 x 20 cm groß ist. Der Boden wird etwa 2 cm hoch mit Kies bedeckt.

2 Die Schicht Kies bedecken Sie nun vollständig mit einer Schicht großer runder Steine vom Strand. Geben Sie jedoch acht, daß die Glaswände dabei nicht zerkratzt werden!

3 Plazieren Sie kleinere Steine, die farblich zu den größeren passen, so an den Gefäßwänden, daß sie nicht zwischen den größeren hindurchrutschen.

4 Nun werden 2–3 Lagen der kleineren Steine aufgehäuft. Versuchen Sie, eine ebene Fläche zu schaffen, und zerkratzen Sie das Glas nicht!

5 Den Sand vorsichtig an den Rändern hinabgleiten lassen, so daß um die Steine dekorative „Dünen" oder „Wellen" entstehen.

6 Legen Sie Treibholzstücke obenauf. Falls Sie Holzstücke zurechtsägen müssen, sollten Sie die Enden mit Sandpapier abschmirgeln.

7 Wenn das Treibholz fertig arrangiert ist, plazieren Sie in seiner Umgebung eine großzügige Menge an Rentierflechte.

8 Schließlich legt man noch verschiedene Muscheln auf die kleineren Steine und steckt in eine Ecke des Glases die Kugeldisteln und das Bärengras.

Gute Idee

Reicht der Platz nicht für ein längliches Gefäß, steckt man Kugeldisteln, Bärengras und sandfarbene Schafgarben senkrecht in ein hohes Behältnis.

Duftkörbchen für das Badezimmer

Mit dem angenehmen Duft von Potpourri, Lavendel und Orangen macht das Duftkörbchen jedes Badezimmer behaglich. Die Kombination von meeresblauem Rittersporn mit duftendem Lavendel läßt an den offenen Ozean denken, während Muscheln und Seesterne ein Mitbringsel vom letzten Strandurlaub sind. Ein wenig Dampf schadet dem Gesteck nicht, aber achten Sie darauf, daß die Trockenblumen nicht permanenter Feuchtigkeit ausgesetzt sind, sonst könnten sie faulen.

Was Sie brauchen

- *Lavendel*
- *Rittersporn*
- *Muscheln und Seesterne*
- *Potpourri*
- *getrocknete Orangen*
- *Korb und Sackleinen*
- *Klebepistole und -stäbchen*

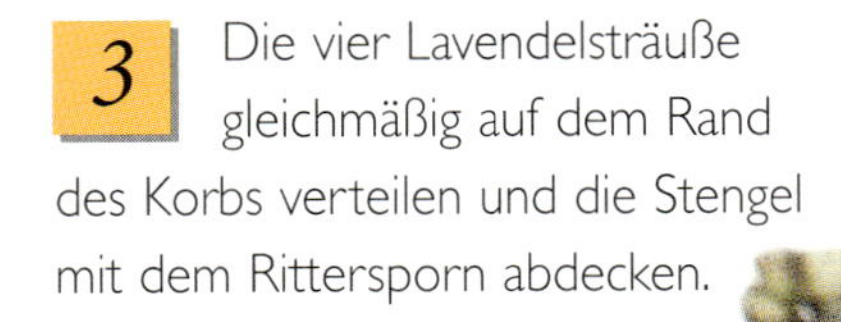

3 Die vier Lavendelsträuße gleichmäßig auf dem Rand des Korbs verteilen und die Stengel mit dem Rittersporn abdecken.

1 Ein rundes Stück Sackleinen ausschneiden, das etwas größer als der Korb ist. Ränder einschlagen und am Korb festkleben.

2 Jeweils vier Lavendel- und vier Rittersspornsträußchen miteinander verdrahten (ausführliche Anleitung s. S. 147).

4 Nun schneidet man die Sträußchen an den Enden zu und fixiert sie mit der Klebepistole am Korbrand.

5 Schmücken Sie den Korbrand mit Muscheln und Seesternen, die Sie an dem Lavendel und dem Rittersporn ankleben.

6 Schließlich können Sie den Korb mit gemischtem Potpourri, ganzen Orangen und Orangenscheiben auffüllen.

Feiern & festliche Anlässe

Blumenarrangements tragen zur Atmosphäre bei Familienfesten bei – vor allem dann, wenn sie in einem dem Anlaß entsprechenden Stil und mit den passenden Materialien gestaltet sind.

Zum Geburtstag sind Blumen immer willkommen – unabhängig davon, ob der Tag mit einem großen Fest oder im kleinen Kreis begangen wird. Zur Weihnachtszeit wird das ganze Haus mit Tannengrün, Zimt und Orangen dekoriert. Im Herbst sammelt man braun-, rot- oder goldfarbene Blätter – ebenso wie verschiedene Gräser und Früchte.

Gleichgültig, ob ein romantisches Essen zu zweit oder welch ein Anlaß auch immer – Arrangements aus Trockenblumen verleihen dem Ereignis stets einen ganz speziellen Touch.

Traum-hochzeiten

Die Hochzeit ist für viele Menschen einer der glücklichsten Momente im Leben. Eine Tischdekoration aus Trockenblumen wird noch lange an diesen Festtag erinnern.

Sommerhochzeit in Weiß

Eine Traumhochzeit ganz in Weiß, die mit etwas Glück an einem strahlenden Sommertag stattfindet, eröffnet unzählige Möglichkeiten, um mit Trockenblumen etwas Schönes zu zaubern. Die Dekoration sollte leicht und luftig und außerdem elegant sein.

Rosen-Piedestal: Diese edle Tischdekoration ist grazil und voll sommerlicher Frische.

Verbundene Herzen: Dieses charmante Sinnbild des Anlasses ist ganz einfach herzustellen.

Rosen-Piedestal

Es ist seit alters her Tradition, die Hochzeitstafel mit kleinen Blumengestecken zu dekorieren. Dieses Gesteck aus Rosen und Pfingstrosen erfüllt die Anforderungen nahezu perfekt. Das Band aus Tüll greift die Farbe eines weißen Brautkleids auf, kann aber auch durch ein anderes Band ersetzt werden, das zum Beispiel zu den Kleidern der Brautjungfern oder zur Farbkombination der Knopflochsträußchen paßt.

Was Sie brauchen

- rosafarbene Rosen
- hellrosa Pfingstrosen
- weiße Garben
- Steckschaum
- Piedestal aus Glas
- weißes Tüllband
- Stecknadeln mit Glasköpfen
- Draht
- scharfes Messer

1 Steckschaum zuschneiden. Schleifen verdrahten und seitlich in den Block stecken.

2 Rosenstiele auf ca. 3 cm kürzen. Die Rosen auf eine Hälfte des Blocks stecken.

3 Die zweite Hälfte mit Pfingstrosen bedecken. Zwischen die Hälften stecken Sie einige Achilleen.

4 Eine Schleife krönt das Gesteck. Zuletzt werden Ziersstecknadeln zwischen die Blüten gesteckt.

Verbundene Herzen

Diese Rosen in filigranen Herzen sind bezaubernd romantisch und die passende Dekoration der Tafel, an der das Brautpaar sitzt. Weiße Tüllbahnen werden von den Herzen ausgehend über den Tischrand drapiert und mit Serviettenringen festgehalten. Wählen Sie Serviettenringe, die zum Besteck gehören oder zumindest gut mit der Tischdekoration der Hochzeitstafel harmonieren.

Was Sie brauchen

- *rosafarbene Rosenblüten*
- *Gänseblümchen*
- *weißer Tüll*
- *Drahtherzen*
- *silberne Serviettenringe*
- *Hammer*
- *Nägel*
- *Klebepistole*
- *Klebestäbchen*

1 Ungefähr jeweils sechs Rosenblüten lose in die Herzen füllen und ein Stückchen Tüll in jedes Herz stecken.

2 Die rosengefüllten Herzen werden mit Nägeln oder mit der Klebepistole in der Mitte des Tischrands befestigt.

3 Ziehen Sie den Tüll durch Serviettenringe, und stecken Sie Gänseblümchen so durch den Stoff, daß diese Halt finden.

4 Serviettenringe mit der Klebepistole am Tisch befestigen. Den Tüll zurechtzupfen, so daß er sich schön bauscht. Aber achten Sie darauf, daß Sie den Hochzeitsgästen nicht die Sicht versperren!

Winterhochzeit in Rot

Bei einer Hochzeit im Winter versucht man, mit einer Fülle warmer Farben und üppiger Strukturen ein Gegengewicht zu Kälte und Frost zu schaffen. Rot-, Orange- und Goldtöne leuchten bei künstlichem Licht und machen das Beste aus den spärlichen Sonnenstrahlen. Die warmen Farben werden mit opulenten Formen und Strukturen sowie einem Hauch von dunklem Luxus kombiniert.

Großes Tafelbukett: Den Ton bei dieser Hochzeit gibt mit ihren warmen Farben und kühnen Rhythmen die Dekoration in der Tischmitte an.

Rosenschmuck für den Ehrenplatz: Wo das Brautpaar sitzt, ist der Tisch besonders schön dekoriert.

Brautstrauß: Der wichtigste Blumenschmuck einer jeden Hochzeit muß ein kleines Meisterwerk sein.

Großes Tafelbukett

Was Sie brauchen
• rotgefärbter Farn
• roter Amarant
• rote Granatäpfel
• roter Eukalyptus
• rotgefärbte Artischocken
• rote Hortensienblüten
• rote Pfingstrosen
• Steckschaum, Sperrholzplatte
• Klebeband für Floristen

Das Bukett für die Mitte der Hochzeitstafel muß perfekt sein. Es soll mit dem übrigen Blumenschmuck des Festes harmonieren und auffällig genug sein, um sich zwischen dem Durcheinander von Tellern und Gläsern behaupten zu können. Allerdings darf es weder die Sicht behindern noch die Garderobe der Gäste in den Schatten stellen.

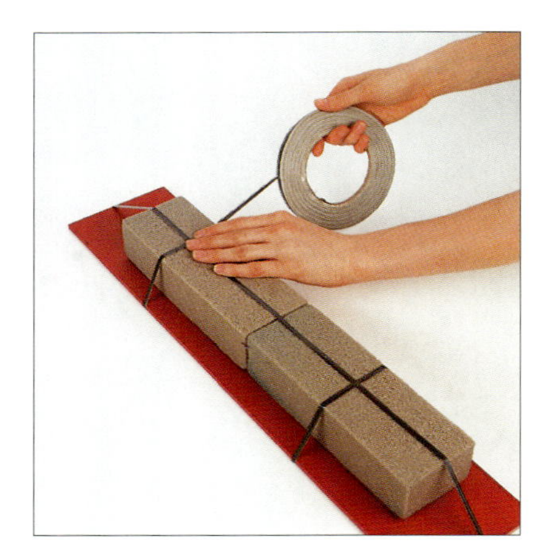

1 Steckschaum etwa 2 cm kleiner zuschneiden als das Brett und mit Klebeband befestigen.

2 Den Block mit rotem Farn einfassen und an die Enden Gartenfuchsschwanz stecken.

3 Die Enden mit Granatäpfeln, Eukalyptus und, in der Mitte, Artischocken schmücken.

4 Wenn die Enden gesteckt sind, beginnen Sie die Mitte aus Hortensienblüten aufzubauen.

5 Mit den Pfingstrosen alle Lücken füllen, die zwischen den Blättern noch sichtbar sind.

6 Bevor das Bukett auf den Tisch kommt, überprüfen Sie, ob alle Elemente fest sitzen.

Rosenschmuck für den Ehrenplatz

Dieser prächtige Rosenschmuck präsentiert die wichtigsten floralen Motive einer „Hochzeit in Rot" an prominentester Stelle, da er die Vorderseite des Tischs, an dem Bräutigam und Braut Platz nehmen, ziert. Auf diesen Ehrenplatz sind während der Feierlichkeit die Augen aller Anwesenden gerichtet.

Was Sie brauchen

- rote Rosen
- roter Eukalyptus
- rotgefärbter Farn
- roter Amarant
- goldengefärbte Birkenblätter
- rote und goldene Mohnkapseln
- Bindedraht
- Hammer und Nägel
- goldfarbene Spiralen

1 Mit Draht aus Eukalyptus und Farn einen Fächer binden, der als Bett für die Rosen dient.

2 Fügen Sie an den Seiten Amarant, Mohnkapseln und Birkenblätter an.

3 Für die Befestigung brauchen Sie größere Goldspiralen oder ähnlich geformte Metallteile.

4 Spirale so am Tisch annageln, daß das Gebinde kopfüber hineingesteckt werden kann.

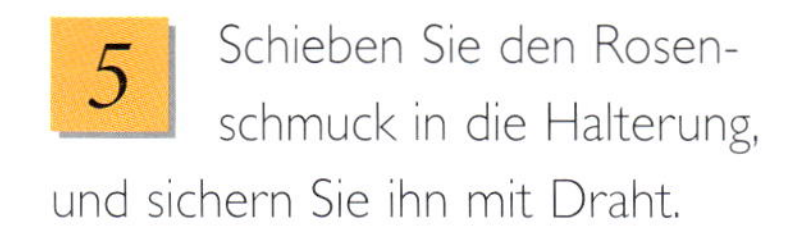

5 Schieben Sie den Rosenschmuck in die Halterung, und sichern Sie ihn mit Draht.

6 Sie können das Gebinde zusätzlich mit roten Federn und Goldblättern verzieren.

Brautstrauß

Der Brautstrauß ist der wichtigste und am meisten fotografierte Blumenschmuck auf einer Hochzeit. Diese phantasievolle Variante aus roten Blumen eignet sich gut für eine Hochzeit im Winter, da sich warme Farben und üppige Strukturen miteinander verbinden. Sie ergänzt nicht nur die anderen hier beschriebenen Arrangements, sondern steigert auch deren Wirkung.

Was Sie brauchen

- Artischocken
- rote Rosen
- roter Pfeffer
- rote Pfingstrosen
- roter Eukalyptus
- rote Federboa und lila Seide
- Bindedraht
- Stecknadeln mit Glasköpfen

1 Die Artischocken mit Draht so zusammenbinden, daß sich die Stiele in der Mitte kreuzen.

2 Die Rosen hinzufügen. Die Blüten sollen sich an die Artischocken anschmiegen.

3 Seitliche Lücken zwischen den Artischocken mit rotem Pfeffer füllen.

4 Pfingstrosenstengel andrahten und in die Mitte des Buketts stecken.

5 Eukalyptus verdrahten und rings um den Strauß stecken, so daß er einen Rahmen bildet.

6 Die rote Federboa um den Strauß winden und eventuell mit einer Schere kürzen.

7 Die Unterseite des Straußes mit lila Seide umwickeln und mit den Ziernadeln feststecken.

Feste des Herzens

Wer in romantischen Gefühlen schwelgt, möchte sich mitteilen – aber auf romantische Weise. Und so schickt man Blumen, schmückt den Tisch für den gemeinsamen Abend mit herzförmigen Gestecken und ersinnt kleine romantische Präsente aus Rosen.

Essen zu zweit

Was ist romantischer als ein Essen zu zweit, bei dem man die Welt um sich herum vergessen kann? Für die richtige Stimmung sorgt neben einer schön gestalteten Einladungskarte auch eine ansprechende Platzkarte. Blumengestecke und andere Tischdekorationen verwandeln den alltäglichen Eßtisch in eine zauberhafte Festtafel, die den richtigen Rahmen für das liebevoll zubereitete Mahl bildet. Achten Sie jedoch bei allem Überschwang darauf, daß die Dekorationen dezent bleiben. Denn mit der Romantik könnte es schnell vorbei sein, wenn ein riesiges Gesteck aus Trockenrosen den gesamten Tisch einnimmt und zusätzlich noch die Sicht auf das geliebte Gegenüber verdeckt. Setzen Sie besser kleine, subtile Akzente mit charmanten roten Blüten, die auf stilvolle Weise Atmosphäre schaffen.

Einladungen können mit Rosen, Eukalyptusblättern und Schleierkraut dekoriert werden. Den Postversand würden sie aber nicht überstehen.

Eine großes rotes Herz aus gefärbtem Bärengras ist eine romantische Umrahmung für die Teller und eine stille Aufforderung an den Gast.

Ein Serviettenring mit roter Pfingstrose und üppiger Satinschleife mit Goldrand sorgt für eine romantische Stimmung.

Herz aus Hortensien

Herzen sind schon immer das traditionelle Symbol für Liebe und, in stilisierter Form, das bevorzugte Motiv für romantische Seelen. Verliebte schmücken ihre Briefe und Geschenke von alters her mit Herzchen. Ein großes Hortensienherz kann eine Wand oder eine Tür zieren, aber auch als Tischdekoration bei einem intimen Essen zu zweit dienen.

Obwohl die pastellfarbenen Hortensien den größten Teil der Form bedecken, geben Pfingstrosen und Rosen mit ihrem kräftigen Rosa oder Rot den Ton an und sorgen für eine romantische Stimmung. Das kostbare purpur- oder goldfarbene Band adelt das Gesteck vollends und verleiht ihm den letzten Schliff.

1 Von den Hortensien einzelne Blüten abbrechen und das Herz vollständig damit bedecken.

2 In eine Seite des herzförmigen Schaums ein paar rote Eukalyptusstiele stecken.

Was Sie brauchen

- Hortensienblüten
- dunkelrosa Pfingstrosen
- roter Eukalyptus
- kleine rote oder rosa Rosen mit 2,5 cm langen Stielen
- Steckschaum in Herzform
- purpurfarbenes oder violettes Band mit verdrahtetem Rand
- Stützdraht
- grünes Klebeband, Bindedraht

3 Verdrahten Sie dunkelrosa Pfingstrosen, und befestigen Sie diese über dem Eukalyptus.

4 Schließlich kommen noch kleine rosa oder rote Rosen zwischen die Pfingstrosen.

5 Zuletzt wird das Band zur Schleife gebunden und mit Draht am Herzen angebracht.

Herzchen mit Amors Pfeil

Für Gestecke in der Form von kleinen Herzen gibt es viele passende Verwendungszwecke: Zum Valentinstag können diese Gebinde an die Stelle des traditionellen Kartengrußes treten. Sie machen sich darüber hinaus gut als hübsche Tischdekoration und sind sogar als unkonventionelle Tischkartenstützen einsetzbar. Und selbstverständlich kann man sie nicht zuletzt auch als Liebespfand verschenken.

Kleine Blüten bilden das Herz, während Lavendelstengel die Pfeile aus Amors Bogen darstellen. Der Lavendel bringt zusätzlich einen Hauch süßen Duftes mit sich, der allerdings sehr dezent bleibt.

1 Stechen Sie mit Hilfe der Herzform ein Herz aus dem Steckschaumblock aus.

2 Den herzförmigen Steckschaum mit einzelnen Hortensienblüten vollständig bedecken.

Was Sie brauchen

- Hortensien, in Einzelblüten geteilt, mit ca. 2,5 cm langen Stielen
- Lavendel
- Silberband mit Drahtrand
- Haften
- Schere
- Stützdraht
- dünner Steckschaumblock
- herzförmige Ausstechform

3 Das Silberband um den Steckschaum wickeln und mit Haften feststecken.

4 Das Herz mit Stützdraht diagonal durchstechen, so daß ein kleines Loch entsteht.

5 Stützdraht wieder herausziehen und drei Lavendelstielchen durch das Loch stecken.

Romantische Schachtel

Welches Geschenk könnte eine deutlichere Sprache sprechen als diese kleine Schachtel, die mit den Symbolen der Liebe geschmückt ist? Das ungewöhnliche Liebespfand ist die perfekte Alternative zu Blumen oder Karten. Rote Rosen gelten in der ganzen Welt als Symbol der Liebe und der Sehnsucht, das Herz im Innern der Schachtel verstärkt die Botschaft. Der blutrote, tropfenförmige Edelstein am Herzen symbolisiert den Schmerz unerwiderter Liebe, und die grüne Farbe steht für die Eifersucht, die mit der Liebe einhergehen kann.

Was Sie brauchen

- Flachmoos, Steckschaum
- rote Rosenblüten
- grüne ovale Schachtel mit Deckel
- rotes Tüllband mit Drahtrand
- kleiner roter „Edelstein"
- herzfömiger Teigausstecher

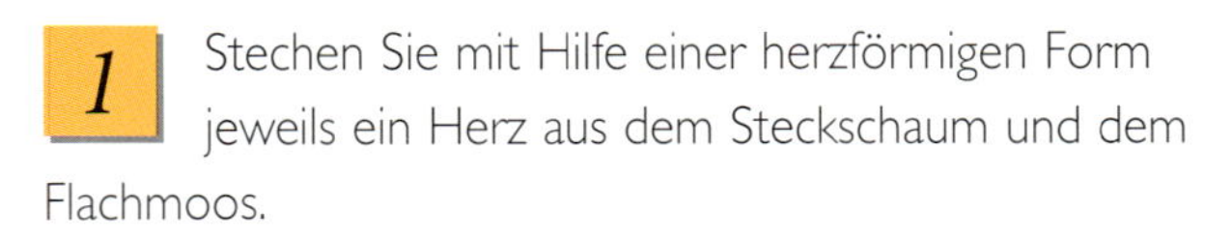

1 Stechen Sie mit Hilfe einer herzförmigen Form jeweils ein Herz aus dem Steckschaum und dem Flachmoos.

2 Zwei Stücke Tüllband über Kreuz in der Mitte des Schachtelbodens festkleben, darüber der Reihe nach das Schaumherz und dann das Moosherz kleben.

3 Die roten Rosenblüten um das Herz anordnen, so daß sie über den Schachtelrand hinausragen.

4 Wenn die Schachtel gefüllt ist, den roten „Edelstein" mit einer Hafte am Moos befestigen.

Gute Idee

Das mit blutroten, samtenen Rosen gefüllte Ebenholzkästchen (rechts) ist eine elegante Alternative zur ovalen Schachtel. Von glühender Leidenschaft kündet das Kästchen ganz rechts, das von scharfen roten Chilischoten überquillt.

Das hübsche Kästchen ist mit blauem Satin gefüttert. Die Rosen schauen unter dem halboffenen Deckel hervor.

Dieses Kästchen wurde mit rotem Samt ausgeschlagen, bevor es so prall gefüllt wurde, daß der Deckel offen bleiben muß.

Goldene Hochzeit

Ein regelrechtes Fest für die Sinne ist diese prächtig anzusehende goldene Pyramide aus Blüten, exotischen Samen und Nüssen – und ebenso ein herrlicher Blickfang für eine Goldene Hochzeit. Der Kombination von üppiger Seide, Lampionblumen, gelben Rosen sowie goldenen Lotus- und Mohnkapseln haftet ein Hauch fernöstlicher Exotik an.

Ergänzt wird das luxuriöse Gesteck durch ein wunderschönes Blumensträußchen, das in golden besprühte Lotosblätter gewickelt ist.

Was Sie brauchen
• Seiden und Kordeln
• großer Steckschaumkegel
• Wildlilien
• goldene Lotoskapseln
• gelbe Rosen, Lampionblumen
• goldene Mohnkapseln,
Haselnüsse, Lotosblätter

1 Als Tischgirlande dient ein tischlanges Stück Seide, das mit einer Kordel verschlungen wird.

2 Befestigen Sie die Girlande mit kleinen Nägeln an der vorderen Tischkante.

3 Zwei goldfarbene Stücke Seide um den Schaumkegel wickeln und feststecken.

4 Die Spitze des Kegels zieren drei getrocknete Wildlilien. Jede zeigt in eine andere Richtung.

5 Die Lotoskapseln andrahten und in kleinen Grüppchen oben in die Pyramide stecken.

6 Unter den Lotoskapseln beginnen Sie mit zwei Reihen gelben Rosen, die dem gewundenen Stoff bis zur Basis folgen.

7 Füllen Sie die Pyramide nun vollständig mit orangefarbenen und grünen Lampionblumen, Mohnkapseln und goldenen Nüssen.

8 Eine Seite der Pyramide wird mit goldenen Lotoskegeln verziert: Dazu den unteren Rand eines gefalteten Blattes so abschneiden, daß zwei Hälften entstehen.

9 Jede Blatthälfte kegelförmig einrollen und die beiden Ränder aneinanderkleben. Die Klebestellen fest zusammendrücken, bis der Kleber trocken ist.

10 Die Kegel befestigt man mit Haften an der Pyramide. Das offene Ende soll nach außen weisen. Dekorieren Sie zum Schluß den Tisch mit Früchten und Gewürzen.

GUTE IDEE

Zur Erinnerung an die Feier erhält das Paar einen in Lotosblätter gewickelten Strauß aus Lotuskapseln, cremefarbenen Celosien, gelben Rosen und goldenem Bärengras.

1 *Die Mitte des Sträußchens wird aus Celosien und Rosen gebunden.*

2 *Dann fügen Sie an den Seiten ein paar kleine Lotoskapseln dazu.*

3 *Vergoldetes Bärengras über das Sträußchen winden und festbinden.*

4 *Den Strauß in zwei oder drei Lotosblätter wickeln und eine Schleife binden.*

Geburtstage

Das persönlichste Fest jedes Menschen ist sein Geburtstag, und da dieser Tag sich alljährlich wiederholt, sind Geburtstagsfeiern keine Seltenheit. Jeder begeht diesen Tag auf seine Weise, doch ein Blumengruß ist immer angebracht.

Blumige Zahlen

Es müssen nicht immer Kerzen auf einer Torte sein, die das Alter des Geburtstagskindes verkünden, auch „blumige“ Zahlen erfüllen diese Funktion und wirken auf der geschmückten Tafel sehr festlich. Man nutzt zum Ausstechen des Steckschaums Zahlenformen, wie man sie zum Backen verwendet. Die Zahlen steckt man aus bunten Blättern, Blütenblättern und Rosenköpfen, wobei die Auswahl der Blumen zur Feier passen sollte. Vor allem bei den wichtigen runden Geburtstagen bleibt dem Geburtstagskind dadurch eine schöne Erinnerung an die Feier. Gesteckte Zahlen sind auch bei Jubiläen vielseitig einsetzbar.

Was Sie brauchen

- *gepreßte Blätter*
- *verschiedenfarbige Rosen ähnlicher Größe*
- *Moos*
- *Zahlenformen*
- *Steckschaum*
- *doppelseitiges Klebeband oder Kleber*

1 Steckschaum mit den Zahlenformen ausstechen und die Formen mit Blättern bekleben.

2 Steckschaumzahlen in die Formen drücken und mit Rosenblüten vollstecken.

3 Die Kanten der Zahl mit etwas Moos verschönern und mit der nächsten Zahl beginnen.

Geburtstags-kugel

Aus einer Steckschaumkugel kann man nicht nur ein Formbäumchen basteln. Vollständig mit verschiedenen Blüten bedeckt, wird sie zu einer dekorativen Kugel, die sich als ungewöhnliches und langlebiges Geburtstagsgeschenk eignet.

Was Sie brauchen

- *Flachmoos*
- *rosafarbene Rosen*
- *beige oder grüne Hortensien*
- *Ixodiablüten*
- *50 cm rosafarbenes Band*
- *Steckschaumkugel*
- *Klebepistole und -stäbchen*

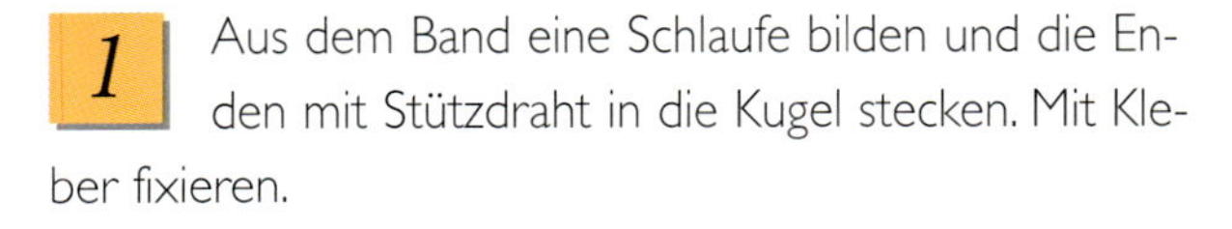

1 Aus dem Band eine Schlaufe bilden und die Enden mit Stützdraht in die Kugel stecken. Mit Kleber fixieren.

2 Als nächstes wird die ganze Kugel mit kleinen Moosstücken beklebt. Drücken Sie die Stücke sorgfältig an, damit sie gut halten.

3 Die Stengel der Rosen entfernen und die Rosenköpfe auf die Mooskugel kleben. Einzelne Hortensienblüten andrahten und rings um die Rosen stecken.

4 Jeweils rund 15–20 Ixodiablüten zu kleinen Sträußchen binden und in die Lücken kleben. Die Kugel mit Seidenpapier und Schleife verpacken.

GUTE IDEE

Wenn Sie eine Duftkugel verschenken möchten, verwenden Sie Lavendel, gelbe Rosen, Buchenblätter und für ein grünes Band mit Drahtrand. Betten Sie die Kugel in einen Karton mit lila Seidenpapier und Bändern.

Geschenke – hübsch verpackt

Andere zu beschenken bereitet fast immer ebensoviel Freude, wie selbst beschenkt zu werden. Eine dekorative Verpackung wirkt dabei stets besonders verheißungsvoll. Trockenblumen können den herkömmlichen Geschenkpapieren einen Hauch von Exklusivität verleihen. Dabei sollte der verwendete Blumenschmuck jedoch stets dezent bleiben.

Eine Hutschachtel ist auch ohne Inhalt ein schönes Geschenk: Bekleben Sie den Deckel mit einer dünnen Schicht Steckschaum. Darauf stecken Sie erst eine Schicht Schüsselflechte und, gleichmäßig verteilt, gefriergetrocknete Rosenblüten. Verzieren Sie den Rand mit einem hübschen breiten Band.

GUTE IDEE

Sehr originell wirken Verzierungen, die zur Jahreszeit passen. Das blaue Päckchen erinnert mit den Gänseblümchen und den Gräsern an eine Sommerwiese. Dagegen scheint das braune Paket mit Orangenscheiben und Chilis wie gemacht für einen Geburtstag im Herbst. Wenn Sie die Lieblingsblumen des Geburtstagskindes einarbeiten, kommt Ihr Präsent mit Sicherheit besonders gut an.

Nehmen Sie für die Verpackung braunes Papier und Bast, als Schmuck Orangenscheiben und Chilis.

Jungfer im Grünen und Achillea betören das Auge des Geburtstagskindes, der Lavendel die Nase.

Gänseblümchen und Phalaris mit Bast und blauem Geschenkpapier erinnern an eine Sommerwiese.

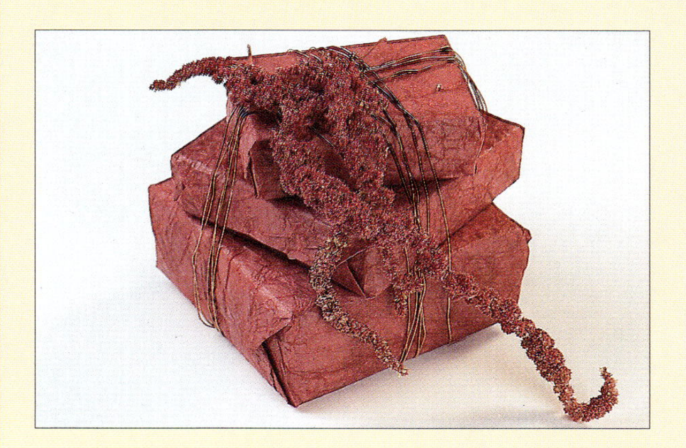

Mehrere Päckchen werden individuell verpackt, mit Bast umwickelt und mit gefärbtem Amarant dekoriert.

Dieses Geschenk hat es auf die Nase abgesehen – es duftet verführerisch nach Majoran.

Herbstfeste

Der Herbst ist die Jahreszeit, in der die Ernte eingebracht wird. Man trocknet Sommerblumen und preßt das bunte Laub. Wenn Feste anstehen, wählt man für den Schmuck Blumen und Blätter in warmen Braun-, Rot- und Goldtönen.

Herbstlicher Laubbaum

Ein herbstlicher Laubwald, der in allen Farben schimmert, ist ein geradezu überwältigender Anblick. Einen Abglanz dieser Pracht können Sie sich in Ihr Zuhause zaubern, wenn Sie von einem Spaziergang Blätter mitbringen. Wählen Sie Blätter aus, die in Form und Farbe möglichst verschiedenartig sind, und sammeln Sie weitaus mehr Blätter, als Sie zu benötigen glauben, damit Sie verschiedenartige Kombinationen ausprobieren können. Wie man Blätter preßt, erfahren Sie auf Seite 140.

Was Sie brauchen

- Holzstämmchen
- Kieselsteine
- gepreßte Herbstblätter
- Steckschaumblock und großer Steckschaumkegel
- Haften
- Klebepistole und -stäbchen

1 Den Stamm in den Kegel sowie den Steckschaumblock stecken und im Topf befestigen (s. S. 152). Erste Blätter anstecken.

2 Arbeiten Sie in Reihen von oben nach unten. Bilden Sie farblich reizvolle Muster. Die Blätter sollen einander überlappen.

3 Die Blattenden der letzten Reihe umklappen und unten am Kegel festkleben. Steine kaschieren den Steckschaum im Topf.

GUTE IDEE

Die abstehenden, rotbraunen Blätter bringen dieses Bäumchen zum Erglühen.

1 Die Blätter an einem Ende zart zusammendrücken und anstecken.

2 Die letzten Reihen und den Topf mit Chrysanthemen schmücken.

Bukett in der Spankiste

In Trockenblumen und Samenkapseln, die im Spätsommer geerntet werden, offenbart sich bereits der ganze Herbst. So bilden die sorgfältig in einem blauen Kästchen arrangierten Lampion- und Sonnenblumen, Kugeldisteln, Maiskolben und Eichenblätter denn auch die passende Kulisse für eine kräftige, abendliche Brotzeit.

Was Sie brauchen

- Lampionblumen
- herbstliche Eichenblätter
- Sonnenblumen
- Kugeldisteln
- kleine Maiskolben
- Moos
- Steckschaumblöcke
- Holzkiste
- scharfes Messer, Bindedraht
- Klebepistole und -stäbchen

1 Wenn Ihre Holzkiste noch umbemalt ist, sprühen Sie sie mit einer Farbe ein, die einen schönen Kontrast zu den Blüten und den Blättern bildet. Dann füllen Sie die Kiste mit aufrecht stehenden Steckschaumblöcken und runden die Kanten an den Längsseiten mit einem scharfen Messer ab.

2 Wählen Sie orangefarbene und grüne Lampionblumen. Die Stengel werden nun an beiden Enden der Kiste in den Schaum gesteckt. Sie sollen weit hinausragen und Vorder- und Rückseite verdecken.

3 Die Stengel der Eichenblätter falls nötig verdrahten (s. S. 147) und zusammen mit den Sonnenblumen und Kugeldisteln gleichmäßig im Schaum verteilen.

4 Die kleinen Maiskolben in 2er- und 3er-Gruppen verdrahten, ca. 10 cm Draht zum Stecken überstehen lassen und den Mais im Gesteck verteilen.

5 Kleinere Lücken im Gesteck können Sie mit Moos kaschieren, das Sie mit der Klebepistole anbringen. Zum Füllen von größeren Zwischenräumen brauchen Sie allerdings zusätzliche Blüten und Blätter.

6 Richtig rustikal wirkt das Ganze, wenn man oben auf das Gesteck das eine oder andere alte Terrakottageschirr klebt. Arrangieren Sie nun auch noch Kürbisse auf dem Tisch, haben Sie den perfekten Tischschmuck für das Erntedankfest geschaffen.

Weihnachten

Im Winter haben Trockenmaterialien Hochsaison. Eine weihnachtliche Stimmung zaubert man mit Früchten und Gewürzen ins Haus, die für die Jahreszeit typisch sind, wie Orangenscheiben, Zimtstangen oder Nüsse.

Weihnachtliche Dekorationen

Der traditionelle Weihnachtsschmuck aus Trockenmaterialien bringt mit seinen sanften Farben und Formen eine weitaus beschaulichere Atmosphäre ins Haus als die modernen Dekorationen mit Lametta, Christbaumkugeln und elektrischen Kerzen. Man kann nahezu alles mit Hilfe dieser weihnachtlichen Gestecke, Kränze und Gebinde verschönern – den Christbaum, die Türen, die Weihnachtstafel und nicht zuletzt auch die Geschenke.

Wenn Weihnachtspäckchen festlich geschmückt sind, ist die Vorfreude beim Auspacken der Geschenke noch größer.

Zierkugeln gibt es in allen Varianten. Dekorativ und festlich wirken sie, wenn man sie mit roten und grünen Schleifen paarweise zusammenbindet.

Chilischoten, Zimtstangen und Lavendelblüten, mit Bast zusammengebunden, schmücken den Baum und duften darüber hinaus herrlich.

Ganz oder in Scheiben an Bastschlingen aufgehängt, sind Zitrusscheiben eine farbenprächtige und zugleich aromatische Dekoration.

Duftendes Christbäumchen

Bereits vor vier Jahrhunderten stellte man in Deutschland Weihnachtsbäume auf und ging dazu über, diese zu behängen und zu schmücken. Seither wurden viele Stilvarianten erprobt. Nicht ganz gewöhnlich ist ein weihnachtlich gestaltetes Formbäumchen. Ob Sie seinetwegen auf Ihren traditionellen Tannenbaum verzichten wollen, bleibt ganz Ihnen überlassen.

Auf jeden Fall bringt das Bäumchen Ihr Haus zum Duften: Zimt und Orangen verströmen ihr feines Aroma und Granatäpfel, Zierkugeln und Ringelweidenstämmchen sind Augenfreuden, die man nicht alle Tage hat. Während der grüne Tannenbaum nach Weihnachten allmählich braun wird und seine Nadeln verliert, sorgt das festliche Duftbäumchen den ganzen Winter über für eine gemütliche und freundliche Atmosphäre.

Was Sie brauchen

- Weidenstämmchen
- Granatäpfel
- Chilischoten und Pfeffer
- Zimtstangen
- Orangenscheiben
- präparierte Eichenblätter
- Flachmoos und Zierkugeln
- Steckschaumblöcke & -kegel
- großes Ziergefäß, Stützdraht
- Messer, Klebepistole, Schere
- Goldstoff oder breites Band

1 Schalten Sie die Klebepistole ein, damit sie nachher heiß ist. Füllen Sie ein großes Ziergefäß mit Steckschaumblöcken. Diese müssen Sie so zuschneiden, daß sie sich ineinander verkeilen und wirklich fest sitzen.

2 Kürzen Sie die Weidenstämmchen, falls nötig. Auf der Standfläche des Kegels markiert man mit einem Stift den Mittelpunkt, bevor man die drei Stämmchen um diesen herum in den Schaum steckt.

3 Wenn die Weicenzweige in etwa parallel zueinander stehen, fixiert man sie mit der Klebepistole am Steckschaum.

4 Wenn der Klebstoff trocken ist, stecken Sie die unteren Enden der Zweige in cen Schaum im Gefäß und kleben sie fest.

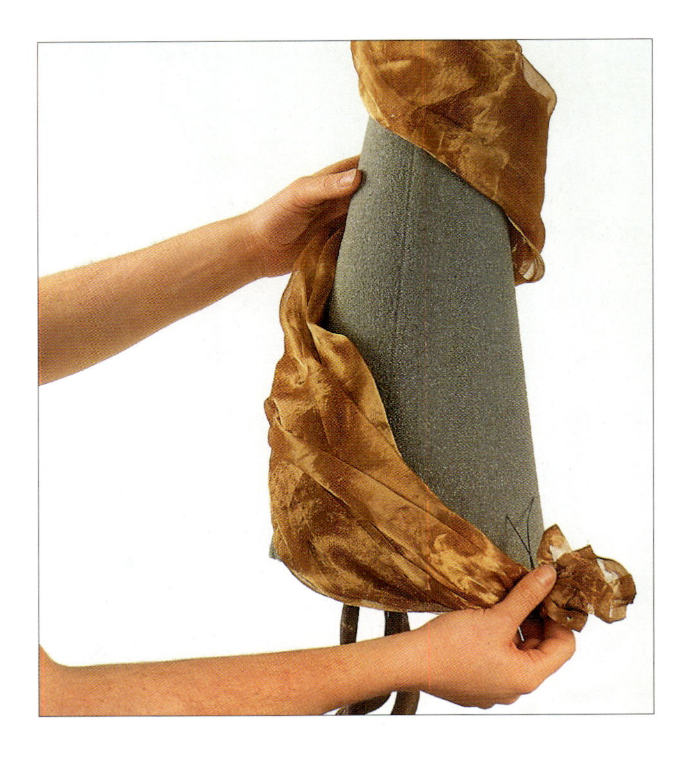

5 Die Enden des Goldstoffes verdrahten. Ein Ende an der Kegelspitze befestigen, den Stoff um den Kegel winden und das zweite Ende unten feststecken.

6 Granatäpfel, Chilischoten, Zimtstangen und Orangenscheiben werden zu zweit oder zu dritt gruppiert, angedrahtet und aufgesteckt.

7 Die gesteckten Früchte bilden Reihen, die der Stoffbahn folgen und sich spiralförmig um den Kegel winden. Pfeffer und Blätter festkleben.

8 In die Lücken Pfeffersträußchen oder einzelne Blätter kleben, bis der gesamte Kegel von weihnachtlichen Materialien bedeckt ist.

9 Bedecken Sie den Steckschaum an der Basis mit einer Schicht Flachmoos, und legen Sie ein paar getrocknete Orangenscheiben darauf.

10 Wenn das Bäumchen seinen Platz gefunden hat, verteilt man am Fuß des Gefäßes Tannengrün, Zapfen und Trockenfrüchte.

Gute Idee

Für diese hochmoderne Variante eines Christbäumchens nimmt man Materialien, die sich gut mit Farbe besprühen lassen. Hier prägen silberne Lotoskapseln, Zierkugeln und Blätter das Bild.

Weihnachtsgirlande fürs Büfett

In der Vorweihnachtszeit verwandelt diese üppige Girlande ein großes Möbelstück in einen festlichen Blickfang. Dabei muß man sich nicht auf das Wohnzimmer beschränken. Man kann ein Büfett, einen Geschirr- oder auch einen Kleiderschrank dekorieren. Die hiergezeigte Girlande paßt besonders gut zu einem Büfett.

Silber und Blau verleihen dem Arrangement einen weihnachtlichen Schimmer, die naturbelassenen Hopfenranken und die Ringelweidenzweige lassen an die friedliche winterliche Natur denken.

Was Sie brauchen

- Hopfenranken
- Ringelweidenzweige
- Hortensien
- Magnolienblätter
- Lotoskapseln
- Farbspray in Blau und Silber
- Naturbast
- Stützdraht

1 Zunächst legen Sie einige Hopfenbündel auf altes Papier und besprühen sie mit blauer und silberner Farbe. Zusätzlich sprühen Sie reichlich Bast blau und ein paar Hortensien silbern ein.

2 Der Hopfen wird oben auf dem Büfett locker verteilt. Man achtet darauf, daß er ar den Rändern dekorativ herabhängt und einzelne Hopfenzweige nach vorne überstehen.

3 Nehmen Sie einen Strang blaugefärbten Bast und drapieren Sie ihn über die Front. Verschlingen Sie ihn mit dem Hopfen. Ergänzen Sie weitere Stränge, bis Sie mit der Gesamtwirkung zufrieden sind.

4 Nun kommen lange Ringelweidenzweige hinzu, die durch den Hopfen und den Bast gefädelt werden. Versuchen Sie, mit den Zweigen girlandenförmige Bögen zu formen.

5 Mit Hilfe der silbernen Hortensien feilt man nun die Girlande in ihren Formen aus. Die kräftigen runden Blüten betonen die Windungen von Hopfen und Weide. Bringen Sie die Hortensien vorsichtig an!

6 Bilden Sie kleine Fächer aus je drei Magnolienblättern. Beim Andrahten lassen Sie bis zu 10 cm Draht überstehen. Die Lotoskapseln werden Stück für Stück verdrahtet.

7 Eine Lotoskapsel und jeweils einen Fächer aus Magnolienblättern mit Stützdraht verbinden. Sechs solcher Grüppchen brauchen Sie erst später, die anderen werden nun gleichmäßig in der Girlande verteilt.

8 Aus je drei Lotoskapseln und drei Magnolienfächern formen Sie die beiden Endstücke der Girlande. Achten Sie darauf, daß sie nach unten hin spitz zulaufen. Verdrahten Sie die Einzelteile.

9 Befestigen Sie die prächtigen Endstücke der Girlande mit Draht am Hopfen, und begutachten Sie Ihr Werk aus der Entfernung.

10 Überprüfen Sie, ob Ihre Girlande auch wirklich symmetrisch ist. Oft müssen noch letzte Schönheitskorrekturen vorgenommen werden, bis alles perfekt ist. So kommt es häufig vor, daß die beiden Enden unterschiedlich lang sind und nachgebessert werden müssen.

Kranz mit Zitronen

Während der Weihnachtsfeiertage werden die Gäste von einem festlichen Kranz begrüßt, der ganz in den traditionellen Weihnachtsfarben Rot und Grün gehalten ist. Grapefruitscheiben und ganze Zitronen schmeicheln der Nase mit ihrem zarten Zitrusaroma.

Die ebenfalls typisch weihnachtlichen Zimtstangen setzen einen weiteren schönen optischen Akzent und sorgen für eine würzige Note.

Was Sie brauchen

- Moos und mit Glyzerin behandelte Nadelzweige
- Zimtstangen
- Kiefernzapfen
- getrocknete Grapefruitscheiben, Zitronen und Chilis
- Efeuzweige und Beeren
- gewundene Weinranken
- Terrakottaherzen
- Kranzreifen und Bindedraht
- Klebepistole und -stäbchen

1 Formen Sie das Moos zu Rollen, und befestigen Sie diese mit Bindedraht am Kranzreifen.

2 Nun werden die Nadelzweige im Uhrzeigersinn auf dem Moos angebracht.

3 Grapefruit und Zimt in Dreiergruppen, Herzen und Kiefernzapfen einzeln verdrahten.

4 Die angedrahteten Materialien auf den Kranz stecken. Zitronen und Chilis ankleben.

5 Wenn alle schweren Materialien befestigt sind, die Lücken mit Efeu und Beeren füllen.

6 Aus den Weinranken kleine Sträuße bilden, verdrahten und quer auf den Kranz stecken.

Weihnachtliche Girlande mit rotem Samt

Diese prächtige Weihnachtsgirlande bringt mit ihren herrlichen Rot- und Grüntönen festliche Stimmung in die Räume. Die traditionellen Weihnachtsmaterialien Kiefernzapfen und Efeu gehen mit dem luxuriösen Samt eine perfekte Verbindung ein. Ungewöhnlichere Pflanzen wie roter Eukalyptus, Amarant und gebleichte Ringelweide setzen interessante Akzente. Daß es nicht nur nach Weihnachten aussieht, sondern auch festlich duftet, dafür sorgen der Eukalyptus, die Kiefernzapfen und die Zimtstangen. Mit einer Weihnachtsgirlande kann man jedes Sims schmücken. Man kann das Thema auch in anderen Teilen des Hauses fortsetzen. Wenn die Girlande einen Kamin ziert, in dem ein offenes Feuer brennt, müssen Sie darauf achten, daß die Trockenblumen dem Feuer nicht zu nahe kommen. Sie sind äußerst leicht entflammbar. Halten Sie die herabhängenden Teile der Girlande so kurz wie möglich.

Was Sie brauchen

- Ringelweidenzweige, die zwischen 15 cm und bis zu einer halben Simslänge lang sind
- roter Eukalyptus
- Efeu
- roter Amarant
- große Kiefernzapfen
- scharfes Messer
- langer Steckschaumblock
- schmaler, flacher Untersetzer
- Floristenklebeband
- roter Samt, mindestens eine halbe Simslänge
- Stützdraht

1 Schneiden Sie einen Steckschaumblock zurecht, der etwa zwei Drittel so lang und ein Drittel so breit ist wie das Sims. Befestigen Sie den Untersetzer mit Klebeband an dem Block.

2 Stecken Sie Weidenzweige, die so lang sind, daß sie weit über das Sims hinausragen, in die Seiten des Schaumblocks. Kürzere Stücke kommen auf die Vorder- und die Oberseite des Steckschaumblocks.

3 Die Weidenzweige geben das Gerüst vor, das nun mit roten Eukalyptusstengeln verdichtet wird. Nutzen Sie die Biegung der Stengel für eine weiche Linienführung. Arbeiten Sie sich von den Seiten zur Mitte vor.

4 Efeuzweige auswählen, die ihre Farbe beibehalten haben und fließende Linien zeigen, ohne verschlungen zu sein. Die Zweige so durch die Eukalyptusstengel fädeln, daß sie über den Rand des Simses fallen.

5 Wählen Sie roten Amarant mit schönen, gewundenen Blüten, und stecken Sie die Stiele zwischen Eukalyptus, Efeu und Weide so in den Schaum, daß die Blüten vorne über das Sims herabhängen.

6 Jetzt kommt der Samt hinzu. Ein leuchtendes Rot sieht besonders festlich aus. Der Stoff wird zwischen und unter den Trockenblumen und Blättern sorgfältig am Sims entlang drapiert.

7 Als letzten Schliff einen oder zwei große Pinienzapfen verdrahten und an passender Stelle an der Girlande befestigen. Schließlich begutachten Sie Ihr Werk von weitem und beseitigen letzte Schönheitsfehler.

Gute Idee

Wenn noch Material übrig ist, bieten sich Spiegel, Gemälde oder Türrahmen für ähnliche Dekorationen an. Man beginnt wie immer mit einem Steckschaumblock, nimmt aber zum Stecken eher kleine Pflanzen, die insgesamt leichter wirken. Bei Türgirlanden darauf achten, daß die Tür noch geschlossen werden kann.

Material & Praxis

Alle Beispiele in diesem Buch basieren auf ein paar wenigen, wesentlichen Techniken der Floristik. Sie sind die Voraussetzung dafür, daß Ihre Gestecke auch wirklich professionell aussehen. Die gute Nachricht: Sie werden auf den nächsten Seiten merken, wie leicht diese Techniken zu erlernen sind.

Schritt für Schritt werden die wichtigsten Konservierungsmethoden und Fragen ihrer Anwendung erläutert. Eine Tabelle zeigt, welche Methode für welche Pflanzen geeignet ist. Sie lernen die nützlichsten Werkzeuge der Floristik kennen und machen sich damit vertraut, wie man Stengel und Blüten verdrahtet und die Basis für Kränze, Girlanden oder ein Formbäumchen herstellt. Den Abschluß bilden Tips zur Pflege und Lagerung von Trockenmaterial.

Trocknen und Konservieren

Einige Trockenpflanzen kann man zwar kaufen, aber die meisten wird man selbst konservieren wollen. Zu Hause kommen sechs Methoden in Frage: die Lufttrocknung, bei der die Pflanzen aufgehängt oder ausgelegt werden, die Wassertrocknung, das Trocknen mit Trockenmitteln, die Behandlung mit Glyzerin und das Pressen. Die Gefriertrocknung und das Trocknen in der Trockenkammer sind kommerzielle Verfahren. Aufbewahrt wird das Material staubfrei, in einem gutgelüfteten Raum mit geringer Luftfeuchtigkeit und ohne direktes Sonnenlicht. Fachgerecht getrocknete Pflanzen knistern bei Berührung, wenn sie nicht mit Glyzerin behandelt wurden.

AUFHÄNGEN

Diese Methode funktioniert bei den meisten Pflanzen. Die Stengel müssen möglichst lang sein: Die Blumen werden von überflüssigen Blättern befreit, gebündelt und in einer trockenen, warmen Umgebung so aufgehängt, daß sie einander nicht berühren. Etwa zwei Wochen hängen lassen.

Links: Zum Trocknen werden die Sträuße an einer Stange aufgehängt.

AUSLEGEN

Gräser, feinstielige Blumen und größere Blüten legt man in flache Körbe, auf Maschendraht oder auf mit Luftlöchern versehene Pappe zum Lufttrocknen aus. Die Pflanzen dürfen nicht zu dicht beieinander liegen, und die Blütenköpfe müssen nach oben gerichtet sein. Nach einigen Tagen in einem trockenen Raum sind die Pflanzen getrocknet.

Rechts: Zum Trocknen werden die Pflanzen locker ausgelegt.

1a

b

c

TROCKENMITTEL

Silikagel, als "Flor-Seca" oder "Floreal" im Handel, zieht die Feuchtigkeit aus den Blüten. Farben und Formen bleiben so gut erhalten, daß die Blüten wie frisch gepflückt wirken. Billigere Trockenmittel wie Borax oder Alaun sind schwieriger anzuwenden.

1a *Etwas Gel in ein Gefäß geben und die Blüten aufrecht darauf setzen.*

b *Die Blüten vorsichtig mit Gel bedecken. Das Gefäß luftdicht verschließen. Täglich den Zustand prüfen.*

c *Die getrockneten Blüten mit einem feinen Pinsel vom Gel befreien.*

MIT GLYZERIN KONSERVIEREN

Durch die Behandlung mit Glyzerin bleiben die Blätter geschmeidig. Für diese Methode eignen sich nur ausgewachsene Pflanzen. Bester Zeitpunkt ist der Sommer.

2a *Ein Teil Glyzerin und zwei Teile heißes Wasser miteinander vermischen. Die Blätter in die Lösung legen.*

2a

b *Nach 1–2 Wochen in nicht zu hellem Licht die Blätter mit mildem Spülmittel in einer Schüssel abwaschen.*

b

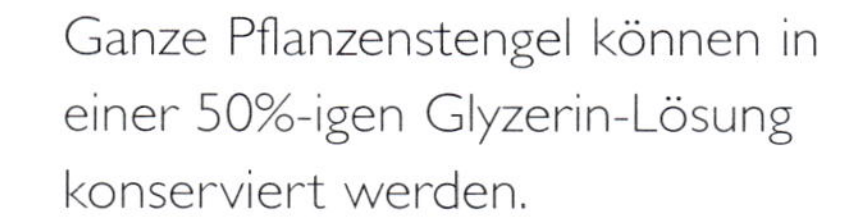

Ganze Pflanzenstengel können in einer 50%-igen Glyzerin-Lösung konserviert werden.

3a *Um ganze Pflanzenstengel zu konservieren, streift man die Blätter in ca. 15 cm Höhe am unteren Teil ab.*

3a

b *Glyzerinlösung in ein Gefäß geben und die Stengel darin stehenlassen, bis sich die Farbe geändert hat.*

b

WASSERTROCKNUNG

Eine gute Methode für dickstielige Pflanzen und Blätter. Auf diese Weise getrocknete Materialien behalten ihre natürliche Form. Sie eignen sich gut für Sträuße und zwanglose Gestecke.

1 *Ein Gefäß zu 1/3 mit Wasser füllen, die Pflanzen hineinstellen und in warmer Umgebung trocknen lassen.*

1

PRESSEN

Pressen ist eine einfache Methode zum Trocknen zarter Blätter und Blüten. Je nach Größe der Pflanzen dauert der Prozeß 7–14 Tage. Gepreßtes Material ist sehr empfindlich und muß besonders vorsichtig behandelt werden.

BÜCHER ZUM BESCHWEREN

Mit dieser Methode können Sie kleine Mengen von dünnen, flachen Blumen und Blättern trocknen. Verwenden Sie aber keine wertvollen Bücher, da die Pflanzen Farbe verlieren können. Die Pflanzen dürfen nicht mehr feucht sein, wenn Sie sie pressen.

PRESSEN MIT EINER BLUMENPRESSE

Wenn Sie größere Mengen von Blumen pressen und auch vor dickeren Blüten nicht haltmachen wollen, brauchen Sie eine Blumenpresse. Diese ist im Handel erhältlich, aber nicht ganz billig. Unten erfahren Sie, wie man sich eine Blumenpresse selbst baut.

EINE BLUMENPRESSE BASTELN

Zwei Holzplatten als Boden- und Deckplatte der Presse auf 15 x 20 cm Größe zuschneiden. In jede Ecke ein Loch bohren und jeweils einen 8 cm langen Gewindestift in die Löcher der Bodenplatte stecken. Die Deckplatte wird durch vier Flügelmuttern festgehalten. Anstelle der Schrauben und Muttern können Sie aber auch Schraubzwingen verwenden.

1a

a *Zarte Blüten zwischen Löschpapier in ein Buch legen.*

b

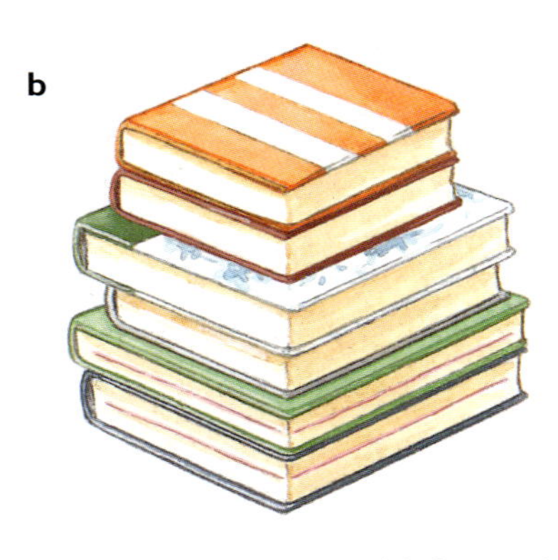

b *Das Buch vorsichtig schließen und mehrere schwere Bücher darauf legen.*

2a

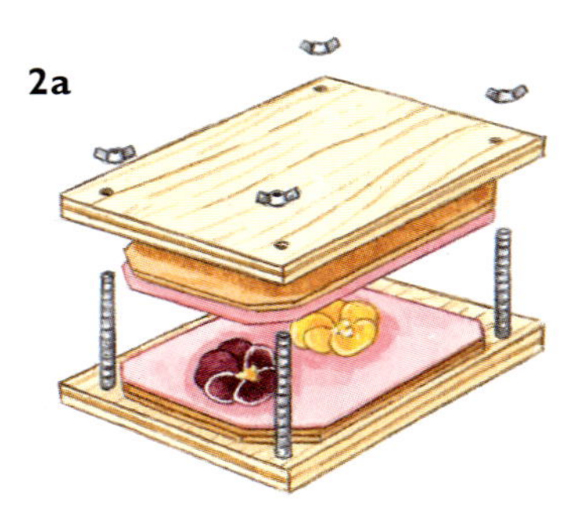

a *Blüten auf eine Kartonunterlage zwischen Löschpapier legen.*

b

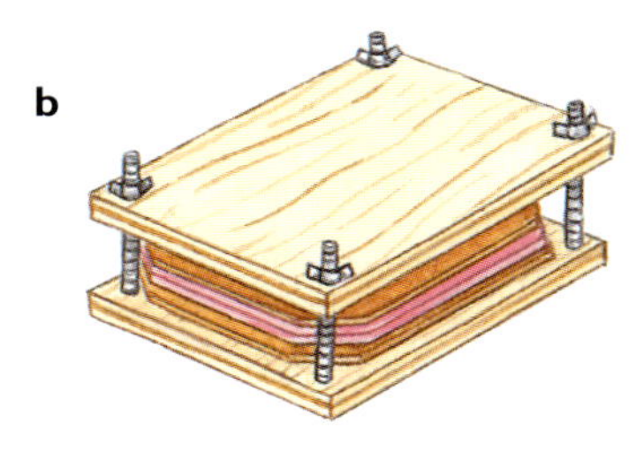

b *Wenn die Presse gefüllt ist, die Deckplatte fest anziehen.*

3a

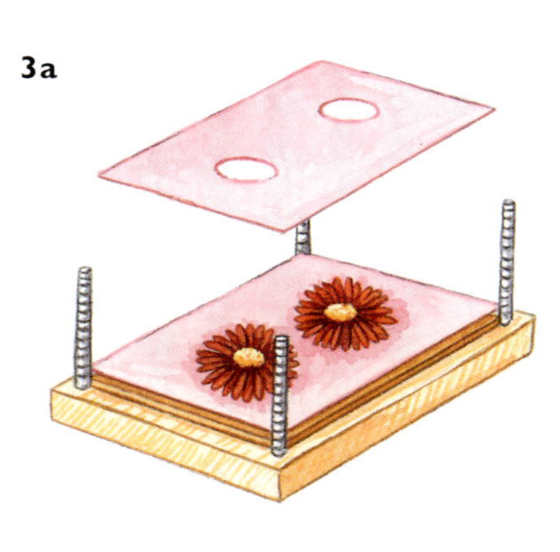

3a *Bei dickeren Blüten schneidet man eine Papierschablone zurecht.*

b

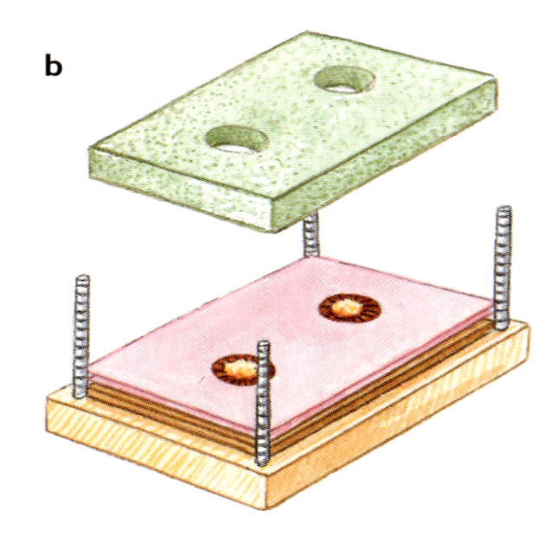

b *Eine Styroporplatte wird genauso zugeschnitten wie die Papierschablone.*

c

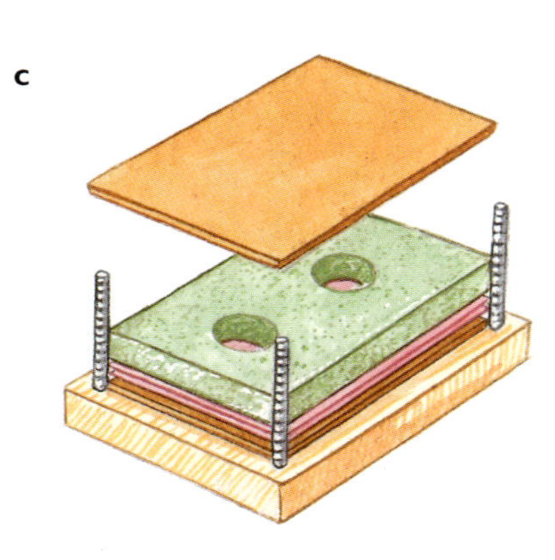

c *Als dritte Schicht folgt eine Hartfaserplatte ohne Löcher.*

d

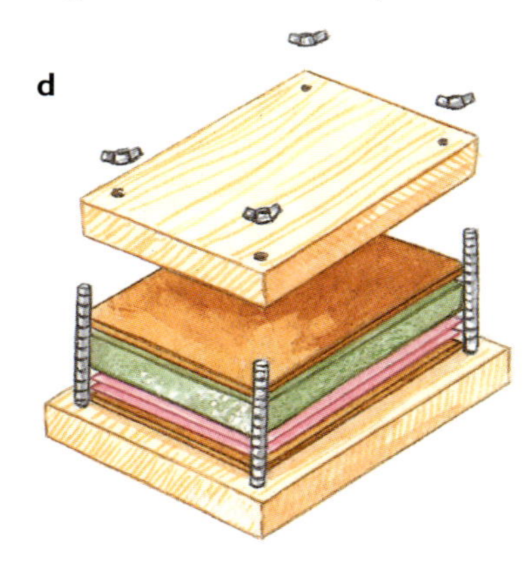

d *Die Deckplatte festschrauben und die Blüten 12–14 Tage lang pressen.*

TROCKNUNGSVERFAHREN

Pflanzenname:	Hängetrocknung	Lufttrocknung	Trockenmittel	Glyzerin	Wassertrocknung	Pressen
Amarant (*Amaranthus ssp.*)	●	●		●		
Artischocke (*Cynara scolymus*)	●	●			●	
Bambus (*Arundinaria sp.*)		●		●		●
Celosie (*Celosia sp.*)	●	●				
Chinesische Päonie (*Paeonia lactiflora*)	●	●				
Chrysantheme (*Chrysanthemum sp.*	●	●	●	●		
Dahlie (*Dahlia sp.*)	●	●	●	●		
Daisy (*Ixodia sp.*))	●	●				●
Edeldistel (*Eryngium sp.*)	●	●			●	
Edler Lorbeer (*Laurus nobilis*)		●		●		●
Efeu (*Hedera sp.*)	●	●		●		●
Eiche (*Quercus sp.*)				●		●
Eukalyptus (*Eucalyptus sp.*)	●	●		●		
Färberdistel (*Carthamus tinctorius*)	●	●		●		
Frauenmantel (*Alchemilla mollis*)	●	●				
Freesie (*Freesia kewensis*)				●		●
Garbe (*Achillea sp.*)	●	●			●	
Gartenkürbis (*Cucurbita pepo*)		●				
Gemeiner Hopfen (*Humulus lupulus*)	●	●	●	●		
Gräser	●	●				
Granatapfel		●				
Grapefruit (in Scheiben)		●				
Hortensie (*Hydrangea spp.*)	●	●			●	
Jungfer im Grünen (*Nigella damascena & N. orientalis*)	●	●			●	
Kugeldistel (*Echinops ritro*)	●	●				
Lampionblume (*Physalis alkekengi*)	●	●	●		●	
Laubmoos (*Mnium sp.*)		●				
Lavendel (*Lavandula spica*)	●	●				
Lorbeerbaum (*Laurelia sp.*)				●		●
Lotossamenkapsel (*Nelumbo lucifera*)			●			
Magnolie (*Magnolia sp.*)				●		●
Mahonie (*Mahonia japonica*)				●		●
Maiskolben (*Zea mays*)	●	●				
Majoran (*Origanum dictamnus*)	●	●			●	
Mohnkapsel (*Papaver rhoeas*)	●	●				
Orange (in Scheiben)		●				
Orchidee (*Orchidea sp.*)			●			
Pfeffer	●	●				
Polsterkissen-Moos (*Grimmia pulvinata*)		●				
Protea (*Protea sp.*)	●	●				
Rentierflechte (*Cladonia sp.*)		●				
Rittersporn (*Delphinium ssp.*)	●	●	●	●		
Rohrkolben (*Typha sp.*)	●	●				
Rose (*Rosa spp.*)	●	●	●	●		
Rotbuche (*Fagus sylvatica*)		●		●		●
Saatweizen (*Triticum aestivum*)	●	●				
Salbei (*Salvia sp.*)	●	●	●			●
Silberblatt (*Lunaria rediviva*)	●	●				
Sonnenblume (*Helianthus sp.*)	●	●	●			
Sphagnum-Moos (*Sphagnum sp.*)		●				
Stiefmütterchen (*Viola wittrockiana*)				●		●
Strohblume (*Helichrysum spp.*)	●	●			●	
Veilchen (*Viola sp.*)			●			●
Weinrebe (*Vitis sp.*)	●	●				
Wurmfarn (*Dryopteris filix-mas*)				●		●
Zies (*Stachys sp.*)	●	●				
Zitrone (in Scheiben)	●	●				●
Zylinderputzer (*Callistemon beaufortia sparsa*)	●	●				

Das Werkzeug

Wer häufiger mit Trockenblumen arbeitet, wird bald feststellen, daß bestimmte Werkzeuge und Materialien zwar nicht unbedingt nötig sind, aber vieles erleichtern. Einiges, wie etwa die Klebepistole, diverse Drähte, Maschendraht und Klebeband, erhält man in Bastelläden, anderes, wie die Gartenschere, Steckschaum, Kranzreifen, Haften und Moos, in den meisten Gartencentern.

HAFTEN, STÜTZ- UND BINDEDRAHT

Unter Stützdraht versteht man kräftige Drahtstücke, die in verschiedenen Längen auf dem Markt sind. Stützdraht ist dicker und stärker als Bindedraht, der wie ein Faden auf einer Rolle aufgewickelt ist. Haften sind sehr nützliche, kleine, U-förmige Drahthäkchen, mit denen das Stecken wunderbar leicht geht.

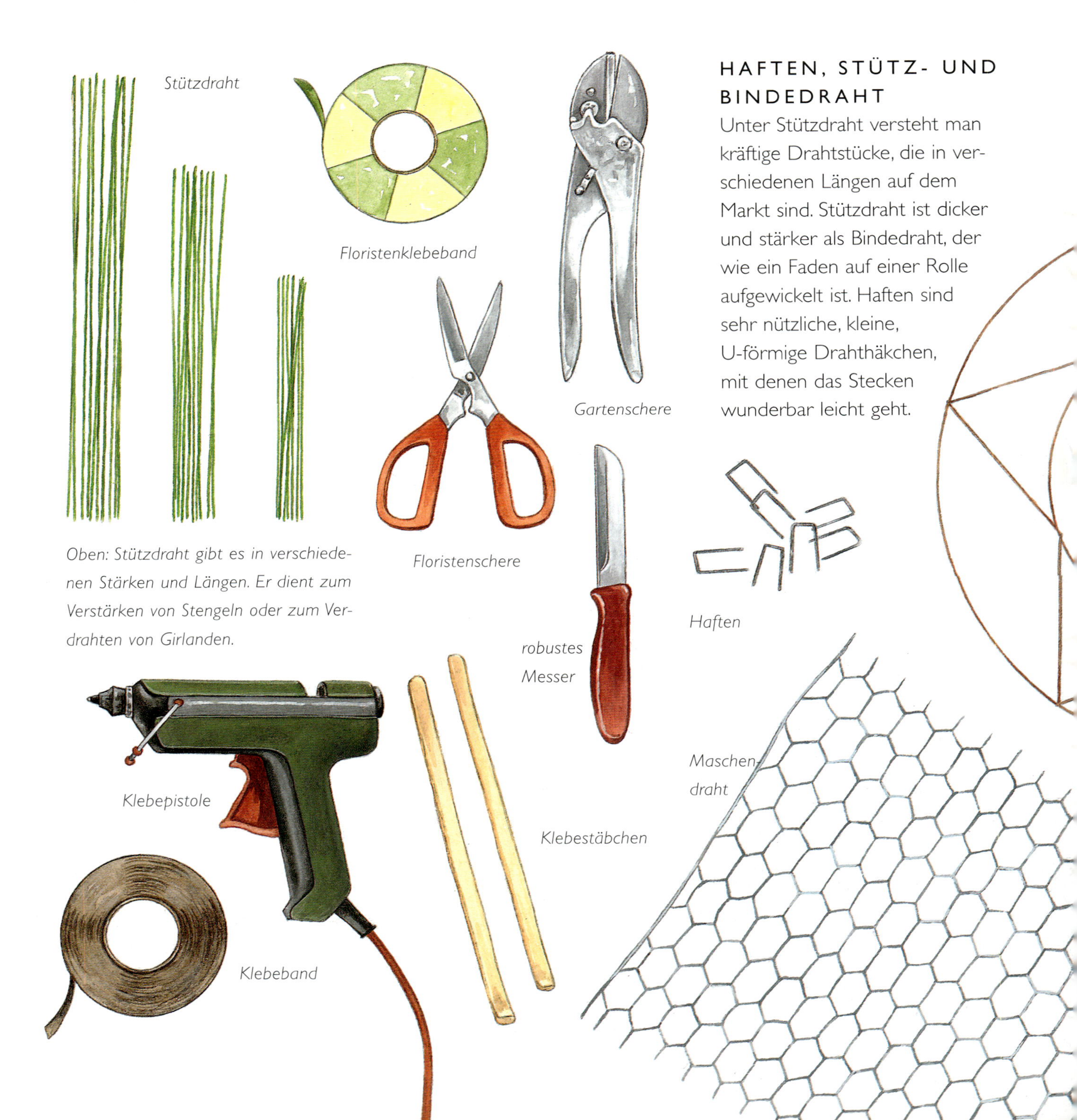

Oben: Stützdraht gibt es in verschiedenen Stärken und Längen. Er dient zum Verstärken von Stengeln oder zum Verdrahten von Girlanden.

BAST UND SCHNUR

Baststränge können um einen Kranzreifen gewunden und als Girlandenbasis verwendet werden. Bast kann Bänder und Kordeln ersetzen oder mit ihnen kombiniert werden. Soll eine Aufhängung unsichtbar bleiben, greift man zu einer unauffälligen Schnur.

Bast

MOOS

Mit Moos werden in der Regel Lücken gefüllt und unansehnliche Gefäße verkleidet.

Moos

Schnur

Gipsmörtel

Band mit Drahtrand

Zierband

Bindedraht

Links: Ein Kranzreifen wird als ideale Basis für eine Kranzgesteck völlig mit Moos abgedeckt.

GIPS

Soll der Stamm eines Formbäumchens fest an der Basis verankert werden, beispielsweise wenn die Dekoration ziemlich schwer oder das Arrangement sehr hoch ist, so kann dies mit Gips (Anleitung s. S. 152) geschehen.

STECKSCHAUM

Die graue oder bräunliche Steckschaummasse für Trockenblumen ist in Blöcken, Kegeln, Zylindern, Kugeln und Ringen verschiedener Größe erhältlich. Sie ist für Gestecke geradezu unersetzlich. Aus Kugeln und Kegeln lassen sich schöne Formbäumchen komponieren. Die Blöcke kann man zuschneiden und in ein Gefäß einpassen; man kann sie aber auch zusammenkleben, um größere Behälter zu füllen.

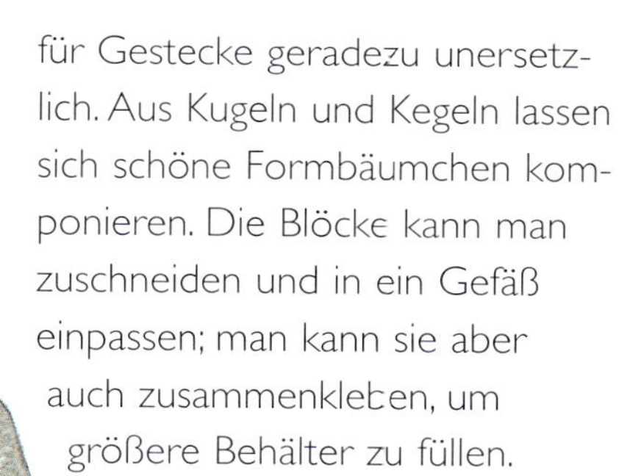

Steckschaumformen

MASCHENDRAHT

Zu einer Kugel geknüllt und in ein Gefäß gedrückt, ist Maschendraht die perfekte Grundlage für große Dekorationen.

Gefäße vorbereiten und dekorieren

Vieles kann als Gefäß für ein Gesteck dienen – von der alten Weinkiste über den Korb bis zum Steingefäß im antiken Stil. Ob als Basismaterial Steckschaum, Moos, Zement oder Maschendraht verwendet wird, hängt vom Gefäß, vom Pflanzenmaterial und von der Größe des Arrangements ab.

STECKSCHAUM ALS BASIS

Steckschaum ist eine hervorragende Basis für kleine und mittelgroße Gestecke in eher flachen Gefäßen wie Körben oder Terrakottatrögen. Da Steckschaum sehr leicht ist, bietet er sich auch für Trockenblumenschmuck an, den man aufhängen will. Steckschaum liefert von allen Materialien den besten Halt für Blumen, die in dichten Reihen aufrecht gesteckt werden sollen.

DEN STECKSCHAUM ZUSCHNEIDEN

Bei einem zwanglosen Gesteck aus üppigen Blumen, die viel verdecken werden, genügt es, ein Stück Steckschaum grob zuzuschneiden und mit Floristenklebeband zu befestigen. Wenn der Steckschaum etwas über den Rand steht, ist das Stecken leichter. Falls nach dem Stecken noch Schaum zu sehen ist, kann man diesen mit Moos kaschieren. Für formelle Gestecke schneidet man den Schaum mit einem scharfen Messer ganz genau zu: Oft geht man dabei, wie rechts gezeigt, in mehreren Schritten vor.

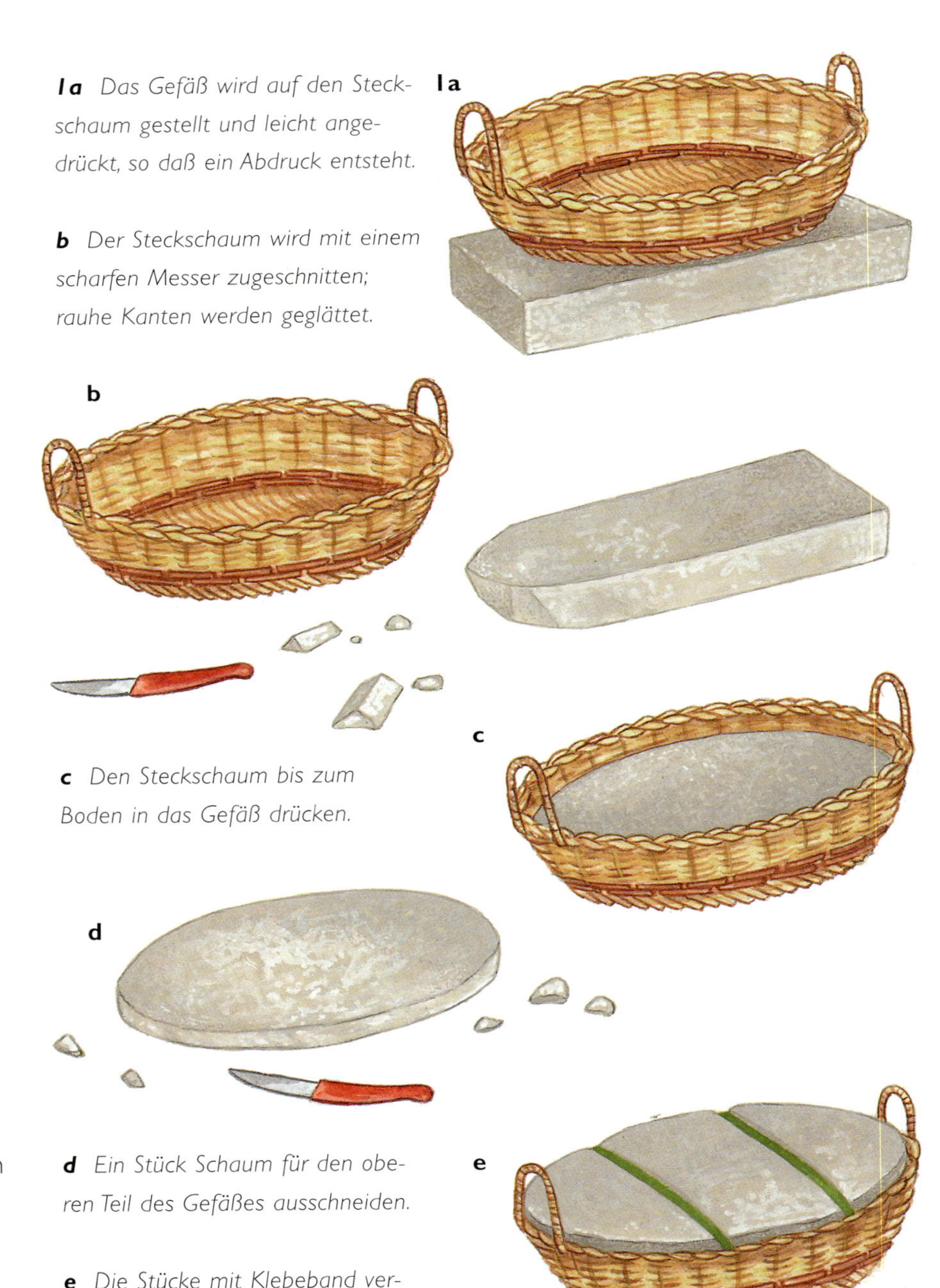

__1a__ Das Gefäß wird auf den Steckschaum gestellt und leicht angedrückt, so daß ein Abdruck entsteht.

__b__ Der Steckschaum wird mit einem scharfen Messer zugeschnitten; rauhe Kanten werden geglättet.

__c__ Den Steckschaum bis zum Boden in das Gefäß drücken.

__d__ Ein Stück Schaum für den oberen Teil des Gefäßes ausschneiden.

__e__ Die Stücke mit Klebeband verbinden und in das Gefäß drücken.

MASCHENDRAHT ALS BASIS

Maschendraht sollte vernickelt oder mit Plastik ummantelt sein und eine Maschenweite von 5 cm haben. Da er sich gut formen läßt, ist er bei vielen Dekorationen hilfreich. Maschendraht eignet sich für Blumen mit dicken Stengeln, bei denen Steckschaum zu brechen droht, für Pflanzen mit sehr langen Stengeln (s. S. 56) und, mit Moos gefüllt, für kleinere Blumen (s. rechts).

2a

b

2a *Formen Sie aus dem Maschendraht eine Art Kugel, die unten offen ist. Füllen Sie Moos hinein.*

b *Die mit Moos gefüllte Kugel wird von oben in das Gefäß gedrückt. Achten Sie darauf, daß sie fest sitzt.*

GIPS UND ZEMENT

Mit Gips und Zement können Bäumchen oder dickere Stämme verankert werden. Füllen Sie den Zement nicht direkt in das Ziergefäß, sondern in einen Behälter, der ansonsten in den Müll wandern würde (s. S. 152).

DEKORIERTE RÄNDER

Nicht immer ist ein aufwendiges Gesteck gefragt – manchmal will man nur den Rand eines Korbes verzieren, um ein Mitbringsel stilvoll überreichen zu können. Als Blumen bieten sich in solchen Fällen Lavendel, Rittersporn (s. S. 86) oder auch angedrahtete Rosenköpfe (s. unten links) an. Bei Bastkörben kann man die Blumen ins Geflecht stecken, auf andere Gefäße, etwa Tröge oder Holzkörbe, werden die Blüten aufgeklebt. Rustikal wirkt ein Korb, wenn man den Rand mit Moos oder Gras verkleidet. Wenn Sie es ausgefallener lieben, bringen Sie andere Gegenstände, etwa Muscheln oder Früchte, außen am Korb an. Der Rand wird zuletzt dekoriert.

3a

3a *Die Blüten werden verdrahtet (s. S. 147), die Drahtenden durch das Geflecht gesteckt und verzwirbelt.*

4a

b

4a *Jeweils ein dünnes Grasbüschel an den Rand halten, Draht herumschlingen und durch das Geflecht führen.*

b *Weitere Grasbüschel am Korbrand befestigen, bis der Rand bedeckt ist. Überstehende Enden abschneiden.*

Andrahten, Ankleben und Verlängern von Stengeln

Um einzelne Blüten, Samenkapseln oder Büschel in einem Gesteck genau plazieren zu können, verdrahtet man sie. Draht wird auch als Verlängerung oder bei bestimmten Blüten als Ersatz für den Stengel verwendet. Eine Klebepistole ist nützlich, wenn man Material besonders sicher anbringen will.

Kiefernzapfen

1a

b

1a *Starken Stützdraht am unteren Ende des Zapfens zwischen den Schuppen hindurchstecken.*

b *Die Drahtenden nach unten biegen und anschließend zusammendrehen.*

Lotoskapsel

2a

b

2a *In der Nähe des Stengelansatzes wird ein Stützdraht vorsichtig durch die Kapsel gestoßen.*

b *Die Drahtenden nach unten aufeinander zu führen und verdrillen.*

ganze Frucht

3a

b

3a *Den Stützdraht zwischen zwei gegenüberliegenden Schlitzen durch die Frucht stecken.*

b *Die Drahtenden auf der Unterseite der Frucht zusammendrehen.*

Fruchtscheiben

4a

b

4a *Der Stützdraht wird knapp neben den Rändern durch die drei Fruchtscheiben gebohrt.*

b *Die beiden Drahtenden aufeinander zu biegen und miteinander verdrillen.*

PFLANZEN UND FRÜCHTE ANDRAHTEN

Trockenblumen und getrocknete Früchte müssen oft angedrahtet werden, bevor man sie für Kränze, Girlanden oder Formbäumchen verwenden kann.

VERLÄNGERN VON STENGELN

Einige Trockenblumen, etwa gefriergetrocknete Rosen, werden ohne Stengel verkauft. Manche Stiele sind so kurz, daß sie verlängert, andere so spröde, daß sie gestützt werden müssen.

DIE KLEBEPISTOLE BENUTZEN

Wenn Sie eine Blume ganz genau plazieren oder sichergehen wollen, daß ein Element fest sitzt, greifen Sie am besten zur Klebepistole. Diese muß 10 Minuten vor ihrer Verwendung eingeschaltet werden, damit die Klebestäbchen durch die Wärme flüssig werden. Man hält die Pistole auf einen bestimmten Punkt und drückt fest auf den Hebel, der die Patrone nach vorne drückt und den Kleber freisetzt. Falls die heiße Pistole mit Haut in Berührung kommt, waschen Sie den Kleber sofort mit Wasser ab!

Laubblätter

5a

b

5a *Stützdraht zu beiden Seiten der Hauptader durch das Blatt stecken.*

b *Die beiden Drahtenden nach unten zum Stiel biegen und um diesen herum zusammendrehen.*

Blüten

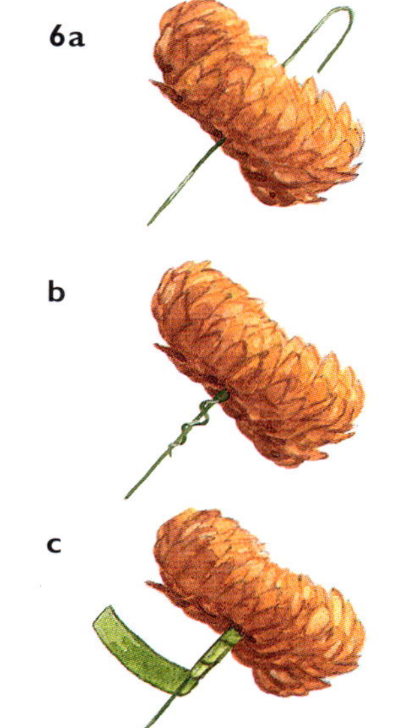

6a

b

c

6a *Stützdraht durch die Mitte stecken, umbiegen.*

b *Auch das zweite Ende durch die Blüte stoßen.*

c *Enden verdrillen, mit Floristenklebeband umwickeln.*

kleine Sträuße

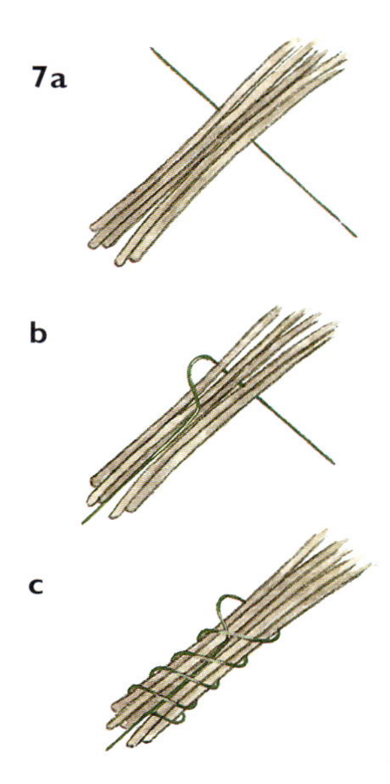

7a

b

c

7a *Das Sträußchen auf ein Stück Stützdraht legen.*

b *Ein Drahtende um den Strauß winden.*

c *Die Drahtenden miteinander verdrillen.*

Stengel

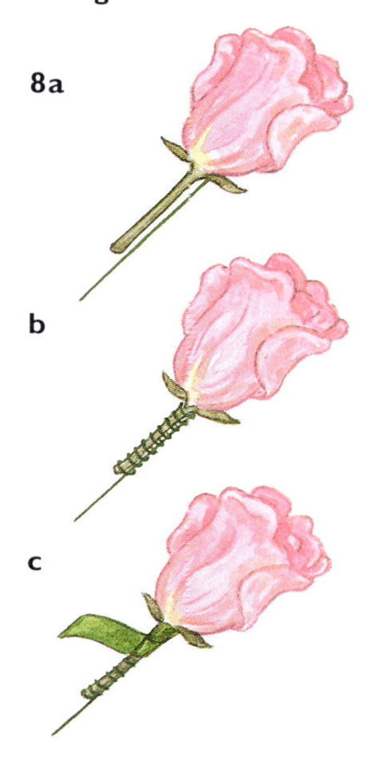

8a

b

c

8a *Draht um den Blütenansatz schlingen.*

b *Mit einem Drahtende den Stengel umwickeln.*

c *Den Stengel mit grünem Floristenband verschönern.*

Steckbasen für Girlanden

Ob eine Girlande waagrecht hängen soll oder senkrecht – man hat die Wahl zwischen einer starren und einer flexiblen Steckbasis. Ein starres Grundgerüst ist robust, aber manchmal schwierig zu arrangieren. Eine flexible Basis läßt sich problemlos anpassen, eignet sich aber nur für leichtere Blumen.

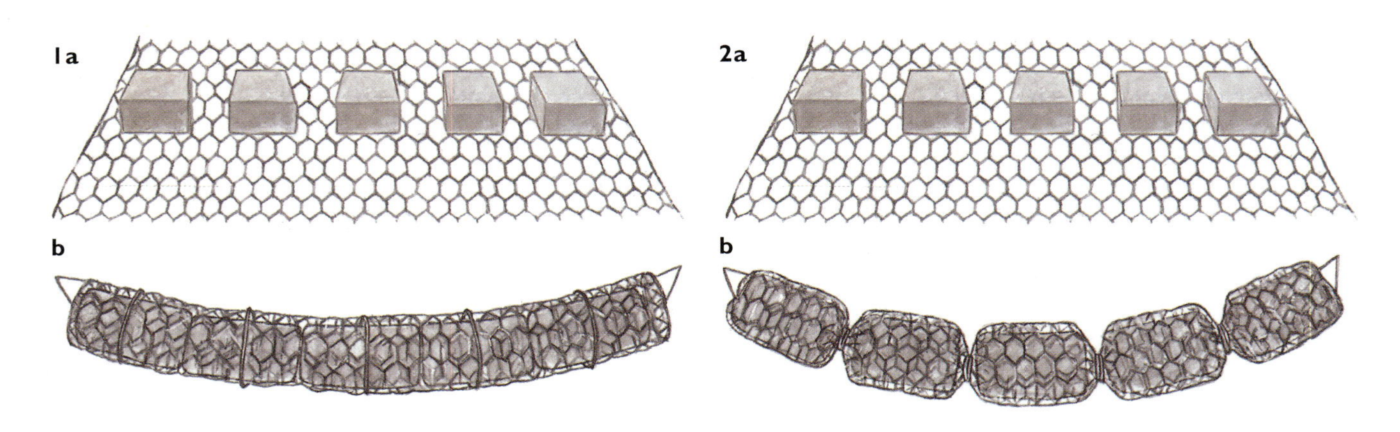

1a *Steckschaumblöcke auf Maschendraht legen.*

b *Eine Rolle formen und mit Bindedraht fixieren.*

2a *Steckschaumblöcke auf den Maschendraht legen.*

b *Einrollen, die Rolle zwischen den Blöcken drehen.*

DIE STARRE STECKBASIS

Die starre Basis für Girlanden besteht aus Maschendraht. Dieser wird gefüllt und zu einer Rolle gedreht. Die Art des Füllmaterials hängt von dem gewünschten Ergebnis und den verfügbaren Materialien ab. Obwohl diese Grundgerüste ziemlich fest sind, können sie leicht gebogen werden – was allerdings bei der Berechnung der benötigten Maschendrahtmenge bedacht werden muß. Die Breite sollte ca. 30 cm betragen. Feste Grundgerüste bieten schweren Blüten, Kapseln und dichtem Blattwerk den besten Halt.

3a *Steckschaumblöcke und Moos abwechseln.*

b *Die Rolle mit Bindedraht absichern.*

4a *Eine Reihe Moos auf den Maschendraht legen.*

b *Eine Rolle bilden und mit Bindedraht absichern.*

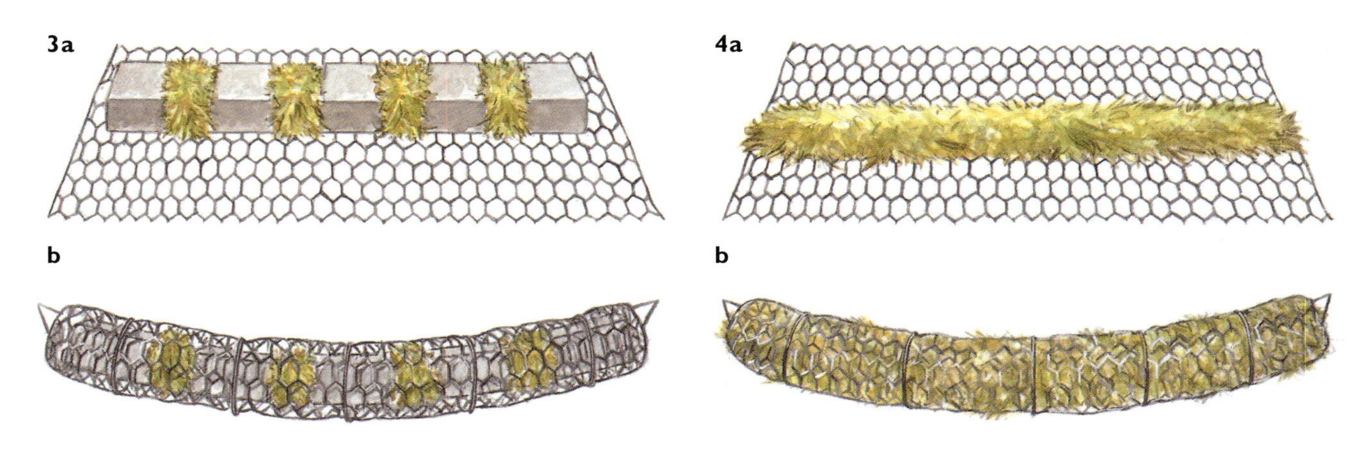

FLEXIBLE STECKBASEN

Diese Grundgerüste bestehen aus Schnur oder Draht. Beim Kalkulieren des Maßes muß genügend Länge zum Befestigen der fertigen Girlande zugegeben werden. Da eine Girlande mit flexibler Basis sehr wahrscheinlich gedreht, gebogen oder gewunden wird, muß das Pflanzenmaterial entsprechend robust, aber zugleich leicht sein. Dünne Stengel oder zarte Blüten werden mit Stützdraht verstärkt. Befestigt man Trockenblumen mit Bindedraht an der Basis, führt man den Draht zuletzt zwischen Pflanze und Schnur hindurch. Dadurch verhindert man, daß sich die Verdrahtung mit der Zeit auflöst. Die fertige Girlande darf nichts von der Basis sehen lassen.

5a *Schnur zuschneiden. Ein Sträußchen aus 8 Stengeln von 7–13 cm Länge mit Bindedraht befestigen.*

b *Ein zweites Sträußchen so an der Basis verdrahten, daß die Blüten die Stengel des ersten überdecken.*

c *Weitere Sträußchen anfügen. Als Abschluß der Girlande wird das letzte Sträußchen umgedreht.*

Früher, als es Steckschaum und andere moderne Materialien noch nicht gab, verwendete man Weinranken als natürliche Basis für Girlanden. Girlanden aus Weinranken sind seit über 3500 Jahren bekannt. Man findet Darstellungen auf antiken Mosaiken und in ägyptischen Grabkammern. Im Herbst, nach dem Schneiden von Hopfen und Weinstöcken, ist das Laub zur Herstellung von Girlanden auch heute noch vielerorts erhältlich. Suchen Sie Reblinge aus, die biegsam sind und keine Schäden haben.

6a *Schneiden Sie Hopfen- und Weinranken auf die Länge der Girlande zu und binden Sie sie an den Enden fest zusammen.*

b *Damit die Girlande kompakter wirkt, umwickelt man sie mit einem Faden. Die Enden gut verknoten.*

c *Soll eine längere Girlande entstehen, bindet man, wie hier gezeigt, mehrere Girlandenstücke an den Enden zusammen.*

Den Grundkranz herstellen

Am Grundkranz werden Blumen, Blätter und Früchte festgesteckt oder -gebunden. Man kann Grundkränze aus Draht, Moos, Bast oder Zweigen selbst herstellen.

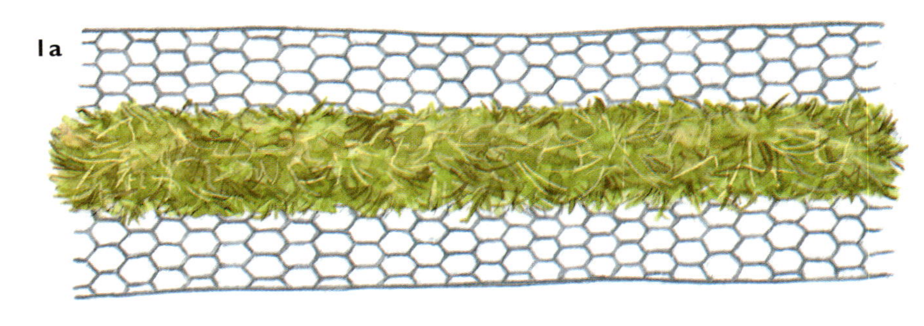

MASCHENDRAHT UND MOOS

Maschendraht und Moos – mehr braucht man nicht, um einen Grundkranz beliebiger Größe herzustellen. Dieser kann rund oder herzförmig sein.

1a *Der Maschendraht ist 30 cm breit und so lang wie der Kranzumfang.*

b *Moos auslegen, eine Rolle bilden und mit Bindedraht fixieren.*

c *Die Rolle in Ringform bringen und die Enden mit einer Schnur verbinden.*

d *Die Rolle nicht ring-, sondern herzförmig biegen und zusammenbinden.*

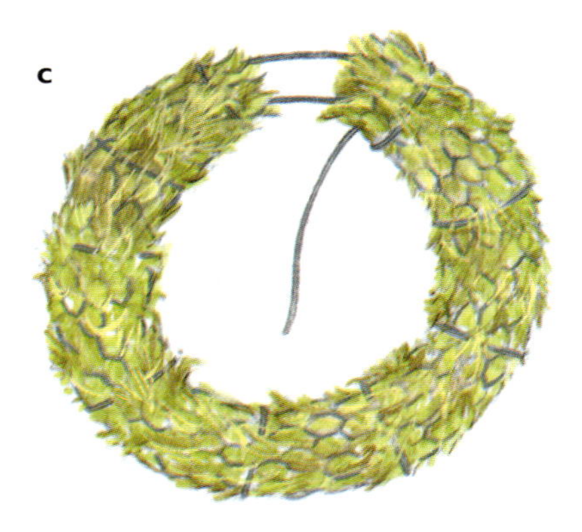

VERKLEIDETER KRANZREIFEN

Zur Verkleidung eines Drahtreifens ist Moos sicherlich am besten geeignet, weil es in einzelnen Portionen mit Bindedraht befestigt werden kann. Empfehlenswert sind das Flachmoos und das Polsterkissen-Moos.

2a *Den Bindedraht am inneren Ring des Kranzreifens verknoten.*

b *Eine Handvoll Moos mit dem Draht am Kranzreifen befestigen.*

c *Immer mehr Moos anbringen, bis der ganze Reifen bedeckt ist.*

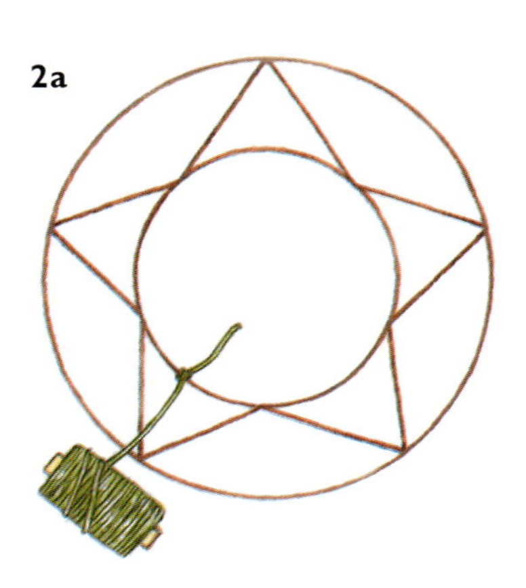

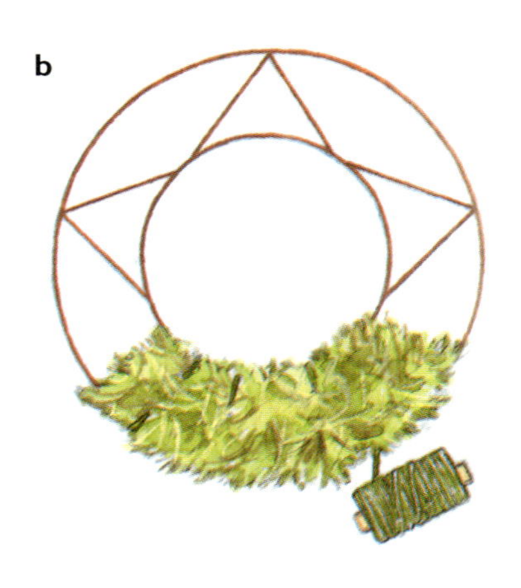

3a

b

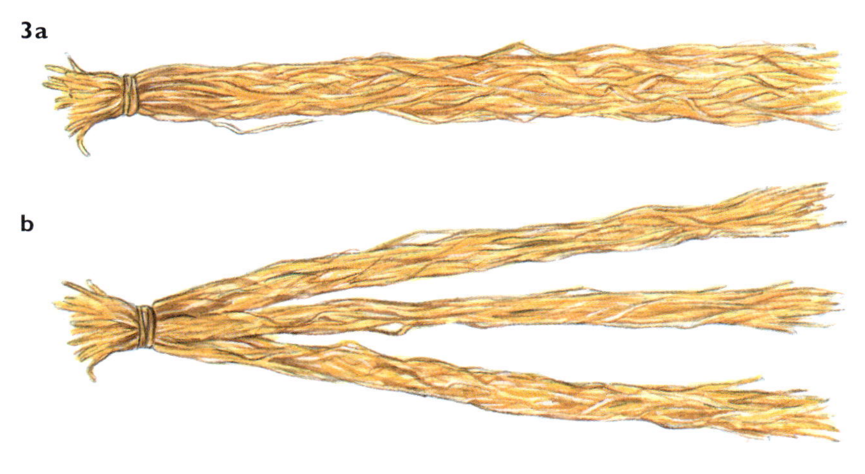

c

d

3a *Ein Ende des Baststrangs mit einer Schnur an einem Haken anbinden.*

3b *Den Strang mit den Fingern kämmen und in drei Strähnen teilen.*

c *Zum Flechten die äußeren Strähnen abwechselnd über die mittlere legen.*

d *Das angebundene Ende lösen und den Zopf ringförmig zusammenbinden.*

ZÖPFE AUS BAST UND GERSTE

Wenn man Zöpfe aus Bast oder Gerste zu einem Ring zusammenbindet, erhält man eine weniger starre Steckbasis für einen Kranz. Diese Zöpfe sind so hübsch, daß sie auch ohne Verzierungen in der Küche oder an einer Tür hübsch aussehen.

ZWEIGE UND RANKEN

Gewundene Zweige und Hopfenranken ergeben einen wunderbar natürlichen Grundkranz, an dem Trockenblumen mit Draht oder Kleber befestigt werden. Verwenden Sie Zweige mit natürlich gebogener Form, und beachten Sie die Anleitung unten.

4a *Mit Draht ca. 4 Zweige kreisförmig zusammenbinden.*

b *Außen weitere Zweige anfügen, bis der Kranz die gewünschte Dicke hat.*

c *Zur Sicherheit den ganzen Kranz mit Bindedraht umwickeln.*

4a

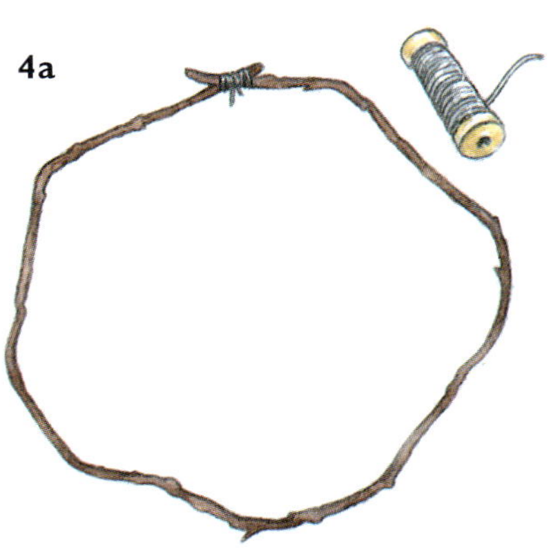

b

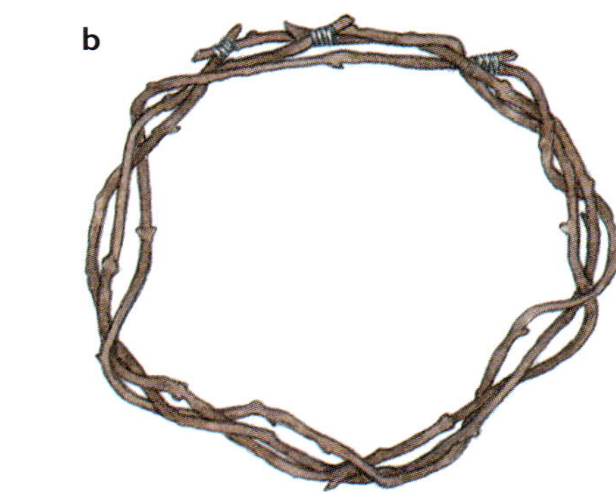

c

Techniken für Formbäumchen

Bei der Gestaltung eines Formbäumchens sind der Phantasie keine Grenzen gesetzt. Die Krone kann die Form eines Kegels oder einer Pyramide erhalten. Auch eine Doppelkrone aus zwei Steckschaumkugeln ist hübsch. Zimtstangen, Bambus oder gebogene Zweige bilden den Stamm.

1a

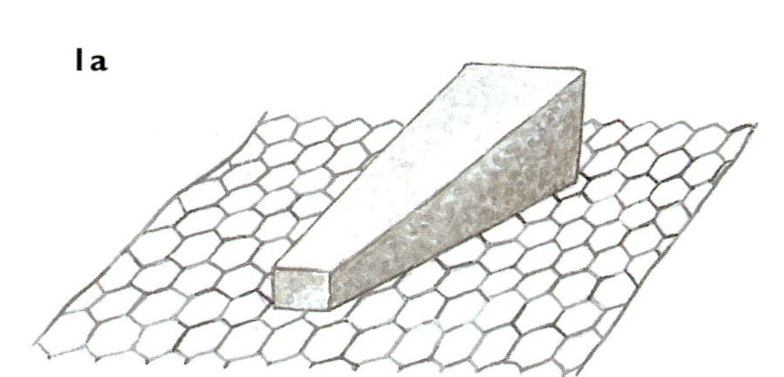

b

c

STECKSCHAUM UND MASCHENDRAHT

Wenn man dickstielige oder sehr große Blumen verarbeiten will, ist es ratsam, die Steckschaumbasis durch eine Umhüllung mit Maschendraht zu verstärken.

1a *Den Maschendraht auf die richtige Größe zuschneiden und den Steckschaum auf den Draht legen.*

b *Den Maschendraht locker um den Steckschaum wickeln und unten zu einer Art Fuß zusammendrücken.*

c *Den Drahtfuß mit Steckschaumresten in einem Blumentopf verkeilen und mit Torfmoos kaschieren.*

MIT GIPS VERANKERN

Größere Formbäumchen brauchen einen schweren Fuß. Deswegen füllt man den Behälter mit Gips oder Zement. Um die Ausdehnung beim Trocknen zu kompensieren und zu verhindern, daß das Gefäß springt, kleidet man es innen mit Steckschaum oder Schaumstoff aus, bevor man die angerührte Masse hineingießt und den Stamm hineinsteckt. Erst wenn die Masse trocken ist, die Baumkrone auf den Stamm gesteckt und festgeklebt.

3a

3a *Seiten und Basis des Behälters mit Steckschaumplatten verkleiden.*

b

b *Den Gips nach der Anleitung mit Wasser anrühren, bis er cremig ist.*

IM STECKSCHAUM VERANKERN

Bei kleineren Formbäumchen reicht das Gewicht des Topfes aus. Man schneidet einen Steckschaumblock auf die Größe des Topfes zu und drückt ihn hinein. Die drei Stämme werden im Abstand von jeweils ca. 5 cm in die Krone aus Steckschaum gebohrt.

Die verschiedenen Elemente werden mit der Klebepistole sicher befestigt. Der Kleber muß 1–2 Stunden lang trocknen, bevor der nächste Schritt eingeleitet wird. Obwohl kleine Formbäumchen sehr stabil sind, sollte man sie in eine Nische oder auf ein höheres Regal stellen. Aufgrund ihres geringen Gewichts können solche Gestecke leicht umgestoßen und dabei vielleicht doch beschädigt werden.

2a *Klebepistole einschalten. Einen großen Steckschaumblock so zuschneiden, daß er genau in den Topf paßt.*

b *Die Holzstämmchen in die Baumkrone aus Steckschaum stecken, festkleben und trocknen lassen.*

c *Die Stämmchen, nicht die Krone, nehmen, in die Basis drücken und festkleben. Trocknen lassen.*

c *Den Gips in das Gefäß gießen und den Stamm hineinstecken.*

d *1–2 Stunden trocknen lassen. Die Baumkrone aufstecken und festkleben.*

e *Aus die Spitze kommen ein Stamm und eine Kugel. Gut festkleben.*

Schleifen binden

Schleifen können ein Gesteck in Farbe und Form bereichern. Bei Festen wird man sie den Dekorationsstoffen anpassen. Sie sollten aber die Blüten nie übertönen. Schleifen kann man aus Bast, Pergamentpapier und fast jeder Art Band oder Stoff herstellen und mit Draht verstärken, damit sie in Form bleiben.

EINFACHE SCHLEIFE

Empfindliche Bänder sollte man nie wie einen Schnürsenkel binden. Das Band würde leiden. Statt dessen legt man das Band in Schleifenform und fixiert diese mit Bindedraht.

1a

1a *Ein Stück Band abschneiden, das etwas länger als benötigt ist.*

b

b *Eine schöne Schleife formen; die Enden gerade oder V-förmig zuschneiden.*

c

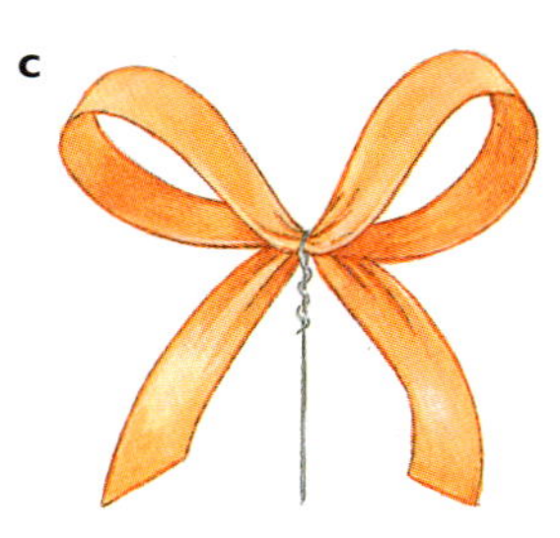

c *Die Mitte mit Bindedraht fixieren. Das Drahtende feststecken.*

DOPPELTE SCHLEIFE

Manche Arrangements vertragen eine üppigere Schleife, die man aus Band, Stoff, Papier oder einem anderen geeigneten Material herstellt. Bei breiten Bändern rechnet man pro Schlingenpaar mit 1 m Band. In der hier beschriebenen Anleitung wird eine Doppelschleife gebunden. Wenn Sie vor dem Verdrahten weitere Schlingen hinzufügen, wird die Schleife noch prächtiger. Sie können zusätzlich Schleifenband um das Gesteck winden. Die Schleife wirkt dadurch sogar noch etwas besser.

2a

2a *Mit einem Ende des Bands bildet man eine hübsche Schlinge.*

b

b *Ohne das Band zu verdrehen, eine zweite Schlinge formen.*

c

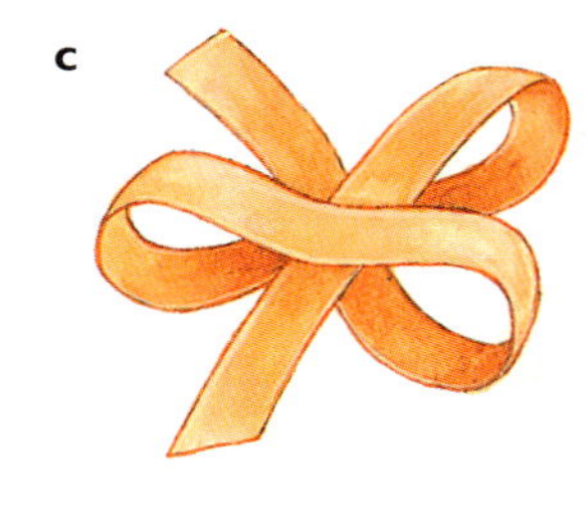

c *Mit dem längeren Bandende eine dritte Schlinge legen.*

d

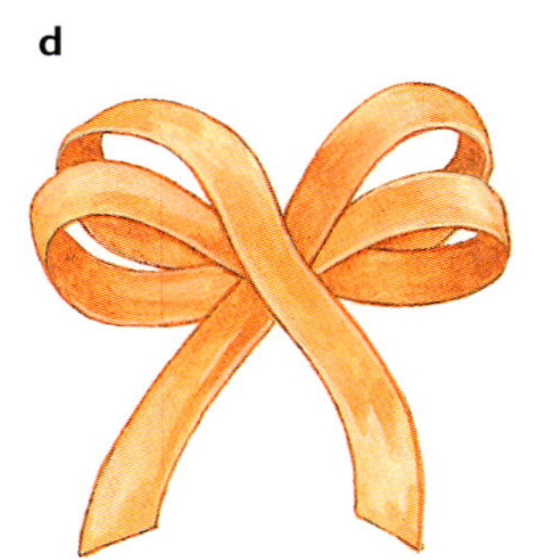

d *Das Band erneut so über die Mitte legen, daß noch eine Schlinge entsteht.*

e

e *Die Schleifenmitte mit Bindedraht umwickeln; das Drahtende stehenlassen.*

f

f *Den Bindedraht mit einem kurzen Bandstück verkleiden.*

Trockenblumen lagern

Wenn man Trockenblumen sorgfältig lagert und pflegt, bleiben sie lange in bester Verfassung. Das Pflanzenmaterial sollte in einem trockenen und lichtgeschützten Raum aufbewahrt werden – auch fertige Gestecke sind in Räumen mit direkter Sonneneinstrahlung oder hoher Luftfeuchtigkeit fehl am Platz.

TROCKENBLUMEN LAGERN

Trockenpflanzen können monatelang aufbewahrt werden, wenn man ein paar Vorsichtsmaßnahmen trifft. Das gelagerte Material muß völlig trocken sein. Pflanzenmaterial, das mit Glyzerin behandelt wurde, muß separat aufbewahrt werden.

STRÄUSSE EINWICKELN

Sträuße, die aus einer Blumensorte bestehen, kann man in Seidenpapier wickeln und in Kartons lagern.

1a *Die Sträuße in Seidenpapier wickeln. Beim Einrollen den Falz umbiegen.*

b *Mit Bindfaden oder Gummiband fixieren.*

GROSSE BLÜTEN

Große Blüten werden einzeln eingewickelt und mit dem Kopf nach unten aufgehängt.

2a *Die Blüte auf Seidenpapier legen und einrollen.*

b *Etwas Faden locker um den Stengelansatz wickeln.*

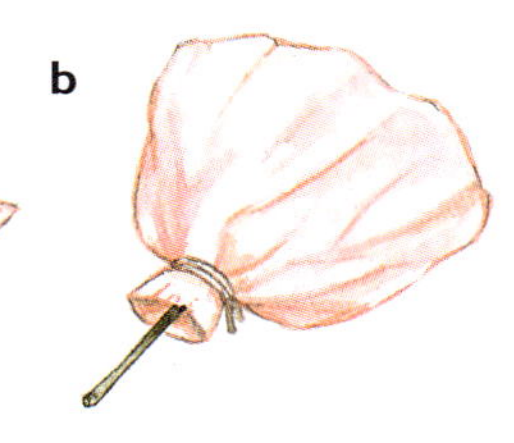

IM KARTON

Kartons zum Transport von Frischblumen eignen sich gut für die Lagerung. Fragen Sie beim Blumenhändler danach.

3a *Blumen mit kleinen und mittelgroßen Blüten werden einzeln zwischen Seidenpapier ausgelegt.*

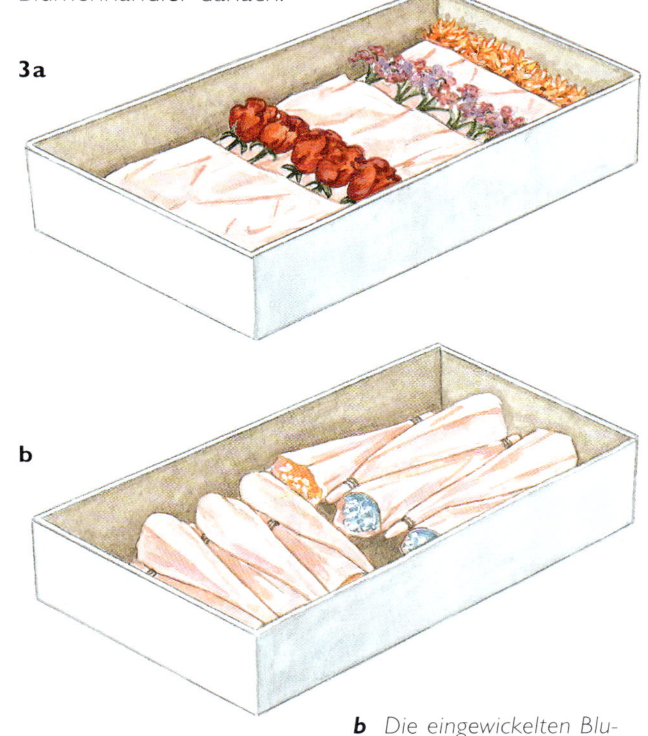

b *Die eingewickelten Blumensträuße jeweils Kopf an Fuß in den Karton legen.*

GESTECKE PFLEGEN

Gestecke müssen vor direktem Sonnenlicht geschützt werden. Im Abstand von einigen Wochen staubt man sie mit einem weichen Pinsel ab. Bei robusten Blumen kann man mit dem Fön arbeiten.

Glossar

Band mit Drahtrand: Band, dessen Ränder mit Draht verstärkt wurden, so daß man es in verschiedene Formen bringen kann.

Bindedraht: Feiner, starker Draht, der wie ein Faden auf einer Rolle aufgewickelt ist und zum Zusammenbinden und zur sicheren Befestigung von Pflanzenmaterialien verwendet wird.

Blumenpresse: Zwei Holzplatten, die mit Klammern oder Schrauben zusammengepreßt werden und Druck auf die dazwischen gelegten Pflanzen ausüben.

Borax: Borverbindung, die als Trockenmittel für Pflanzenmaterial verwendet werden kann.

Dampfkörbchen: Körbchen aus Holz mit einem Deckel, das in der asiatischen Küche zum Dämpfen und Servieren von Reis, Nudeln und Gemüse benutzt wird.

Duftkugel: Diente früher zum Kaschieren unangenehmer Gerüche und bestand aus einer perforierten Porzellan- oder Metallkugel, die duftende Blüten oder Parfüm enthielt. Hat heute meist nur noch dekorativen Zweck und kann auch aus einer mit Gewürznelken gespickten Orange oder einer mit Trockenblumen bedeckten Steckschaumkugel bestehen.

Ebenholz: Braunes bis tiefschwarzes, dichtes und sehr hartes Kernholz verschiedener in den Tropen beheimateter Edelhölzer.

Flechten: Gruppe von Pflanzen, deren Körper aus Algen und Pilzen bestehen, die miteinander in Symbiose leben.

Floristenklebeband: Robustes, einseitig klebendes Band, das auf den meisten trockenen Flächen haftet.

Formbäumchen: Bezeichnung für Zierbäumchen in verschiedenen Formen, etwa Kugeln, Spiralen oder auch Figuren.

Galvanisieren: Überziehen von Gegenständen mit elektrolytisch abgeschiedenen Metallen.

Gefriertrocknung: Industrieller Prozeß zur schnellen Trocknung von Pflanzen bei niedrigen Temperaturen, bei dem Form und Farbe besser bewahrt werden als bei anderen Methoden.

Glyzerin: Dickflüssige, klare Masse, die sich in Wasser löst und zur Konservierung von verschiedenen Blättern, insbesondere von Magnolienblättern, verwendet wird.

Hängetrocknung: Einfache Methode zum Trocknen von Blüten und Blättern. Eine geringe Anzahl von Stielen mit Bast zusammenbinden und diese mit den Köpfen nach unten in trockener Luft lose aufhängen.

Haften: Kleine Häkchen aus stärkerem Draht, die längeren Heftklammern ähneln und mit denen Materialien wie Flechten und Blätter am Steckschaum befestigt werden.

Klebepistole: Elektrisches Werkzeug, das mit Klebestäbchen geladen werden muß. Diese werden erhitzt und zum Befestigen von Gegenständen verwendet, die besonders fest aneinandergefügt werden sollen.

Lufttrocknung: Methode, die zum Trocknen von Blüten, Kräutern und anderem Pflanzenmaterial dient: Aufhängen oder Auslegen in trockener Luft.

Maschendraht: Drahtnetz oder -geflecht, das als Basis für Pflanzenmaterial um Moos oder Steckschaum gewickelt werden oder in Behälter gedrückt werden kann.

Minimalistische Ausdrucksform: Spezielle Stilrichtung, die auf einfachsten Grundformen ohne jede Verzierung basiert.

Obelisk: Das aus dem Griechischen stammende Wort bezeichnet einen hohen, schmalen, vierkantigen Steinpfeiler, der in einer pyramiden-

förmigen Spitze endet. Obelisken finden sich häufig in der ägyptischen Kunst.

Piedestal: Das Wort stammt aus dem Französischen (le pied = der Fuß) und bezeichnet ein Fußgestell, einen Sockel oder einen Untersatz.

Potpourri: Duftmischung aus wohlriechenden Blütenblättern und zusätzlichen anderen aromatischen Materialien.

Pressen: Zur Konservierung relativ dünner, zarter Blütenblätter werden diese zwischen Löschpapier gepreßt, bis sie getrocknet sind.

Ristras (span.) Schnüre, auf denen Chilischoten, Knoblauch oder anderes getrocknetes Gemüse aufgereiht ist.

Shaker Box: Eine ovale Aufbewahrungsschachtel mit eleganten Schwalbenschwanz-Verbindungen, die von den Shakers aus Kirschbaum- oder Ahornholz hergestellt wurde.

Shakers: Bezeichnung für eine religiöse Sekte, die Ende des 17. Jahrhunderts in den USA entstand. Der Name Shaker („Schüttler", „Zitterer") stammt daher, daß die Anhänger während des Gottesdienstes angeblich durch den Einfluß des Heiligen Geistes wilde Bewegungen ausführten.

Shaker-Stil: Dieser spezielle Stil zeichnete sich durch praktische Schlichtheit sowie anmutige Proportionen aus und fand in den Häusern, in der Einrichtung und bei den Gebrauchsgegenständen der Sektenmitglieder Anwendung.

Silikagel: Trocknungsmittel aus Silikakristallen. Silikagel enthält bisweilen Wasser und sollte vor dem Gebrauch im Ofen getrocknet werden.

Steckschaum: Diese Schaummasse dient als Basis für Pflanzenmaterial, das darin festen Halt findet. Die Masse ist in zwei verschiedenen Variationen erhältlich: Feuchter Steckschaum, der auch **Steckschwamm** genannt wird, kann Wasser speichern und wird für Frischblumengestecke verwendet. Trockener Steckschaum speichert dagegen kein Wasser und ist daher in erster Linie für Trockenblumenarrangements bestimmt.

Stützdraht: Drahtstücke, die in vielen unterschiedlichen Längen und Stärken erhältlich sind und bei der Verlängerung von Pflanzenstengeln sowie beim Befestigen von pflanzlichem Material wie Moos, Zapfen oder Fruchtscheiben Verwendung finden.

Terrakotta: (ital.: „gebrannte Erde"); Gefäße und andere Töpferarbeiten aus gebranntem, unglasiertem Ton.

Trockenblumen: Blütenstände von Pflanzen, die, wenn sie getrocknet sind, ihre Farbe und Form über einen längeren Zeitraum hinweg bewahren. Die Farberhaltung der Blüten beruht auf luftgefüllten Zellen (Weiß) oder auf in den Zellwänden eingetrockneten Farbstoffen (Gelb, Orange, Rot). Die Formerhaltung der Blüten wird durch Festigungsgewebe bewirkt.

Trockenmittel: Derartige Substanzen entziehen dem Pflanzenmaterial die Feuchtigkeit. Zum Trocknen von Pflanzen eignen sich unter anderem Sand, Borax und Silikagel.

Valentinstag: Der 14 Februar ist alljährlich nicht nur ein weltweit geschätzter Festtag für Liebespaare, sondern auch für geschäftstüchtige Blumenhändler!

Verdrahten: Floristentechnik, bei der Blüten, Blätter, Samenkapseln, Früchte und Zapfen an Draht befestigt werden, damit man diese Materialien anschließend in ein Gesteck integrieren kann.

Wassertrocknung: Methode zur Trocknung von Pflanzenmaterial, bei der man die Pflanzen so lange in etwas Wasser stehen läßt, bis sie völlig ausgetrocknet sind.

Zierkugeln: Kugeln aus Kunststoff oder natürlichem Material wie zum Beispiel Holz, die verdrahtet werden und als zusätzliche Dekoration dienen können. Zierkugeln sind in jedem gut sortierten Floristenbedarf erhältlich.

Register

Danksagung

Team Media dankt den folgenden Personen: Anne Elliott Evans für fachliche Beratung, für die Mitwirkung bei der Herstellung der Arrangements und für die Bereitstellung von Materialien; Harriet Turney für ihre Mitwirkung als „Hand-Model"; Chris King für die Überlassung seiner Privatwohnung für die Innenaufnahmen auf S. 34–35, 46–47, 80–81, 121, 123, 124, 126–129, 131, 132–135; Paul Wilkinson für seine Hilfe beim Transport der Gefäße; Diane Bell für das Pressen der auf S. 30 abgebildeten Blumen.

Außerdem dankt Team Media den folgenden Unternehmen für die Bereitstellung von Material: Robson Watley International, 2A Pembroke Road, Bromley, Kent BR1 2RU; Snap Dragon, 266/8 Lee High Road, London, SE13 5PL (Gefäße auf S.3, 24–25, 28–29, 36–37, 46–47, 48–51, 58–59, 116–117, 120 und 122–125); Shaker, 72–73 Marylebone High Street, London W1M 3AR („Shakers-Box" auf S. 4, 25, 28, 66–67; Besen auf S. 66–67 und Holzbord auf S. 28, 66–67); Pot Pourri, 255 Chiswick High Road, W4 (Holzkorb auf S. 8–9); Piece of Cake, 25 Wetherill Road, Muswell Hill, N10 (Kuchen auf S. 90–91 und Kuchenformen auf S. 110–111).

Bildnachweis

Fotos von Chris King, assistiert von Katie Findlay und Harriet Turney.
Fotos von Andy Crawford: S. 90 (oben links und Mitte links), S. 92 (oben links), S. 93 (oben links), S. 94 (oben links), S. 96 (oben links), S. 97 (oben links), S. 100 (Mitte links),S. 102 (oben links), S. 104 (oben links), S. 110 (Mitte links), S. 112 (oben links), S. 132 (oben links).

***Illustrationen (S. 138–155)** von Jane Pickering.*